Felix Friedrich Bruck

Die gesetzliche Einführung der Deportation im Deutschen Reich

Felix Friedrich Bruck

Die gesetzliche Einführung der Deportation im Deutschen Reich

ISBN/EAN: 9783743611436

Hergestellt in Europa, USA, Kanada, Australien, Japan

Cover: Foto ©ninafisch / pixelio.de

Manufactured and distributed by brebook publishing software (www.brebook.com)

Felix Friedrich Bruck

Die gesetzliche Einführung der Deportation im Deutschen Reich

Die gesetzliche Einführung

der

Deportation im Deutschen Reich

von

Dr. jur. Felix Friedrich Bruck,
Professor der Rechte an der Universität Breslau.

Breslau.
Verlag von M. & H. Marcus.
1897.

Vorwort.

Bereits in meinen Abhandlungen „Fort mit den Zuchthäusern!" (Breslau, 1894) und „Neu-Deutschland und seine Pioniere" (Breslau, 1896) habe ich auf die Bedeutung der Deportation für das Deutsche Reich und insbesondere auf Deutsch-Südwestafrika als geeigneten Deportationsort*) in ausführlicher Darstellung hingewiesen. Zweck dieser Blätter ist nunmehr im Anschluß an das Strafgesetzbuch für das Deutsche Reich einen Gesetzentwurf, betreffend die Deportation unserer Sträflinge nach Deutsch-Südwestafrika, aufzustellen.

Bezüglich der allgemeinen Begründung dieses Entwurfs verweise ich auf die Eingangs erwähnten Abhandlungen und auf mein Gutachten für die diesjährige (VII.) allgemeine Versammlung der Internationalen kriminalistischen Vereinigung zu Lissabon**), welches ich dem Entwurfe als Anlage (I) nachfolgen lasse. In diesem Gutachten finden sich einerseits die Gründe für die Unzulänglichkeit des geltenden Strafvollzuges, andrerseits die Nachweise für die aus der Deportation in kriminal-, kolonial- und sozialpolitischer Hinsicht sich für das Reich ergebenden Vorteile nochmals kurz zusammengefaßt.

Zur Erläuterung einzelner Bestimmungen des Entwurfs ist unter dieselben eine kurze Motivierung gesetzt worden.

Mit dem Gesetzentwurf zugleich veröffentliche ich den Entwurf einer Ausführungsverordnung zum Deportationsgesetz. Selbstverständlich ist dieser Entwurf mannigfacher Abänderung fähig. Es sollte hier nur gezeigt werden, daß es sich bei meinem Eintreten für die Deportation nicht um eine bloße Utopie handelt, sondern um eine greifbare Institution, die sehr wohl praktisch durchführbar ist. Die Deportation

---

*) Neuerdings hat Joachim Graf Pfeil (Kolonial-Jahrb. IX. S. 261 ff.) dies zu bestreiten versucht. Vgl. weiter unten meine Widerlegung Anlage III.)

**) Auch diese Versammlung hat sich ebenso wie die Generalversammlung des internationalen V. Gefängniskongresses zu Paris vom 9. Juli 1895 mit erdrückender Majorität zu Gunsten der Deportation ausgesprochen. Vgl. Revue pénitentiaire Mai 1897 p. 766.

betrifft einen völlig selbständigen Vorschlag, sie ist deshalb unabhängig von allen übrigen den Strafvollzug betreffenden Fragen.

Es wäre ein schwerer Fehler, wollten wir mit der Durchführung der Strafkolonisation so lange warten, bis das Deutsche Strafgesetzbuch revidiert wird. Alsdann dürfte freilich nicht mehr viel besiedelungsfähiges Land in Deutsch-Südwestafrika für unsere Zwecke vorhanden sein*).

Das wünschen unsere Gegner, um den Versuch ad Kalendas Graecas zu vertagen. Es bedarf zur Zeit nur eines Gesetzes, welches die Deportationsstrafe neben den bestehenden Strafen für zulässig erklärt**). Dagegen ist es gar kein Erfordernis mit der gesetzgeberischen Behandlung dieser wichtigen Frage bis auf die allgemeine Revision zu warten. Man verfährt viel praktischer, wenn man wichtige Spezialfragen schnell und einzeln erledigt. Schließlich kann die Novellengesetzgebung bei einer Gesamtrevision des Gesetzbuchs Aufnahme finden.

Durch die baldige Einführung der Deportationsstrafe erspart das Reich ungezählte Millionen, deren es jetzt in einem vergeblichen Kampfe gegen das Verbrechertum benötigt. Diese ungeheuren Summen könnten zum größten Nutzen des deutschen Vaterlandes auf seine wertvollste, aber kapitalsbedürftigste Kolonie, auf Deutsch-Südwestafrika, verwendet werden.

Und gerade heute, wo diese Kolonie durch die Ausbreitung der Rinderpest vor einer Katastrophe steht, die ihre Zukunft in Frage stellt, bedarf es baldiger thatkräftiger Unterstützung von Seiten der Reichsregierung. Zur Abwendung des Schlimmsten fordern alle Kenner südwestafrikanischer Verhältnisse die schleunige Verbindung der Küste mit dem Innern des Landes, insbesondere die Legung einer Eisenbahn von Swakopmund bis Windhoek. Dieses wichtigste Werk, sowie die übrigen zur Erschließung der Kolonie sich als unabweislich herausstellenden Arbeiten, insbesondere die Anlage von Sammelbecken mit Hilfe von Fangdämmen und Thal-

---

*) Vgl. Bruck Neu-Deutschland S. 54 ff. und Anlage III.
**) D. A. Hasse in seiner Besprechung der Abhandlung: „Neu-Deutschland und seine Pioniere" in Conrads Jahrbüchern für Nationalökonomie und Statistik 1896, S. 929 ff. und Beling in v. Liszts Zeitschrift XV. S. 751. Dagegen ist der Vorschlag Bornhaks, die Deportation einfach im Wege der Verwaltung einzuführen, verwerflich. Vgl. weiter unten Anlage II, meine Widerlegung.

sperren, mußten bisher wegen ihrer Kostspieligkeit unterbleiben.*)
Alle diese Arbeiten könnten von deportierten deutschen Sträflingen
kostenlos ausgeführt werden, da diese für ihre Tagearbeit nur ihrer
Ernährung bedürfen, die ihnen auch jetzt in unseren inländischen
Strafanstalten gewährt werden muß. Dort sitzen sie zu Tausenden
und machen entweder der ehrlichen Arbeit Konkurrenz oder man em=
pfiehlt aus Mangel an Arbeitsgelegenheit Beschäftigung mit nutzlosen
Arbeiten, z. B. Holzspalten Wergzupfen, Steinetragen, und zwar
mit Anstrengung aller Körperkräfte, damit die Haft als Strafe
empfunden werde.

Unsere Strafgefangenen essen das Brot unserer ehrlichen Be=
völkerung, ohne dieser oder sich selbst zu nützen. Im Vaterlande
vergeuden wir die Kräfte, während es in unseren Kolonien
an Händen fehlt.

Zugleich beweist die jetzt über Deutsch=Südwestafrika herein=
brechende Katastrophe den großen Irrtum, in welchem diejenigen
befangen sind, die aus dieser Kolonie lediglich eine Riesenweide
für ein paar Millionen Rinder machen wollen. Alsdann
würde bei jedem Ausbruche einer Viehseuche die Existenz der ganzen
Kolonie in Frage gestellt.

Wäre man von vornherein neben der Großviehzucht auf
die Anlage von Feldkulturen (Anbau von Getreide, Kartoffeln**),
Futtergräsern 2c. 2c., die überall im Lande vortrefflich gedeihen) bedacht
gewesen, und hätte man die Kolonie durch Ermöglichung der
Erzeugung ihres Nahrungsmittelbedarfs von der Einfuhr
unabhängig gemacht, so könnten wir der Kalamität heute mit größerer
Ruhe entgegensehen. Durch die gesetzliche Einführung der Deportation
im Reich würde aber nicht nur die Zukunft unserer wertvollsten Kolonie
dauernd sicher gestellt, es würde auch zugleich ein Werk echter
Humanität geschaffen.

Mögen alle politischen Parteien die Deportation auf
ihr Programm setzen. Es handelt sich hier um keine Partei=
sache, sondern um eine Sache der caritas, die alle Deutschen
verbindet.

Breslau, im Juni 1897. Bruck.

---

*) Beträgt doch heute der Tagelohn eines Arbeiters in Windhoek 20 Mt.
**) Jetzt werden in Windhoek 100 Pfund Kartoffeln mit 50 bis 60 Mt.
bezahlt. Vgl. die Mitteilung des P. L. Hermann in der Kol. Zeit. 1897
S. 240.

Inhalt.

Seite

- A. Entwurf eines Gesetzes, betreffend die Deportation deutscher Sträflinge nach Deutsch-Südwestafrika . . 3–10
- B. Entwurf einer Verordnung zur Ausführung des Deportationsgesetzes 11–25
- C. Anlagen.
  - I. Gutachten über die Aufgabe der Deportation unter den gegenwärtigen Verhältnissen . . 26–31
  - II. Entgegnung auf den Vorschlag des Prof. Dr. Bornhak, die Deportation im Verwaltungswege einzuführen 32–36
  - III. Entgegnung auf den Angriff des Grafen Joachim v. Pfeil, betreffend die Frage der Brauchbarkeit von Deutsch-Südwestafrika zur Ansiedelung von Deportierten 37–53
- Nachtrag 54–55

A.
Entwurf eines Gesetzes,
betreffend die Deportation Deutscher Sträflinge nach Deutsch-Südwestafrika.

Wir Wilhelm, von Gottes Gnaden Deutscher Kaiser, König von Preussen etc., verordnen im Namen des Reichs, nach erfolgter Zustimmung des Bundesrats und des Reichstags, was folgt:

Art. I.

Hinter den § 16 des Strafgesetzbuchs für das Deutsche Reich werden die folgenden neuen §§ 16a, 16b, 16c, 16d, 16e, 16f eingestellt:

§ 16a.

Anstatt auf Zuchthaus- oder auf Gefängnisstrafe kann in den im § 16b erwähnten Fällen auf Deportation nach Deutsch-Südwestafrika erkannt werden. Wird auf Deportationsstrafe erkannt, so muss zugleich auf Zuchthaus oder Gefängnisstrafe erkannt werden für den Fall, das die Deportation aus Rücksichten auf die Gesundheit des Verurteilten oder aus anderen Gründen nicht vollstreckt werden kann.

Zu § 16a.

1. Die Deportationsstrafe ist nicht eine Nebenstrafe, b. h. sie tritt nicht erst ein, wenn der Verbrecher im Inlande eine ihm durch Urteil auferlegte Freiheitsstrafe bereits ganz oder teilweise verbüßt hat, sondern die Deportationsstrafe wird selbst als Hauptstrafe verwendet. Sie besteht in einem harten Arbeitszwange, welchem der

Sträfling im Deutsch-Südwestafrikanischen Schutzgebiet regelmäßig als Landarbeiter*) unterworfen wird. Gerade in der Verwendung der Deportationsstrafe als Hauptstrafe liegt der große Vorteil, daß der Sträfling sich nicht nur seine Arbeitskraft vom ersten bis zum letzten Tage der Strafverbüßung erhält, sondern daß er sie sogar für seinen zukünftigen Beruf als Ansiedler stählt. (Vgl. Bruck, Fort mit den Zuchthäusern! S. 6 und Neu-Deutschland S. 13, 14.)

2. Der Entwurf gebietet nicht die Anwendung der Deportationsstrafe, sondern er gewährt nur die Möglichkeit, in geeigneten Fällen von diesem Strafmittel Gebrauch zu machen. Die eventuelle Verhängung von Freiheitsstrafen neben der prinzipaliter auszusprechenden Deportationsstrafe ist deshalb erforderlich, weil sich nach der Verurteilung herausstellen kann, daß die Deportation des Verurteilten aus Gesundheitsrücksichten oder aus anderen Gründen nicht durchführbar ist, so z. B., weil zur Zeit die Kolonialverwaltung außer Stande ist, so viele Subjekte, als zur Deportation verurteilt werden, in den Straffarmen unterzubringen, oder weil es in der Kolonie an der hinreichenden Arbeitsgelegenheit fehlt. (Vgl. Art. IV des Entwurfs.) Dergleichen Gründe werden freilich nur in der ersten Zeit nach Einführung der Deportation wirksam werden, da es in der Folge weder an genügenden Unterkunftsräumen noch an genügender Arbeit für die Deportierten fehlen wird.

3. Von vornherein die Entscheidung der Frage, ob in einem bestimmten Falle Freiheits- oder Deportationsstrafe zu verhängen sei, der strafvollstreckenden Behörde zu überlassen, erscheint unzulässig. Die Bestimmung der Strafart ist ein wesentlicher Bestandteil des Strafurteils, und sie muß deshalb dem Richter überlassen bleiben. Er ist auch auf Grund seiner Kenntnis der Persönlichkeit des Angeklagten, wie solche in der gerichtlichen Verhandlung hervortritt, das hierzu am besten geeignete Organ. Das schließt aber nicht aus, auf die strafvollstreckende Behörde das Recht zu übertragen, an Stelle der prinzipaliter ausgesprochenen Deportationsstrafe die eventuell verhängte Freiheitsstrafe zu substituieren, wenn Gründe für ihre Anwendung vorliegen. Denn hierbei handelt es sich immer nur um die Vollstreckung einer bereits vom Richter, wenn auch nur in eventum, durch Erkenntnis festgesetzten Strafe.

---

*) Vgl. die Ausführungsverordnung sub III.

§ 16 b.
  Die Deportationsstrafe kann verhängt werden:
  1. in den Fällen, in denen das Strafgesetzbuch für das Deutsche Reich Zuchthausstrafe androht,
  2. bei wiederholter Verurteilung zu Gefängnisstrafe wegen schwerer Körperverletzung, Diebstahls, Unterschlagung, Betruges, Erpressung und Hehlerei,
  3. bei wiederholter Verurteilung wegen Arbeitsscheu, Landstreicherei und Bettelns.

Zu § 16 b.

Es ist nicht nötig, daß die wiederholt Rückfälligen bereits zuchthauswürdige Verbrechen im Sinne unsres Strafgesetzbuchs begangen haben, vielmehr werden auch diejenigen von der Maßregel betroffen, welche wegen Arbeitsscheu wiederholt im Arbeitshause detiniert waren, ferner diejenigen, welche aus Mangel an Sub=
sistenzmitteln wiederholt Delikte gegen das Eigentum verübt, endlich solche, die durch Roheitsvergehen wiederholt ihre Mit=
menschen gefährdet oder geschädigt haben. Statt dieselben wiederum ins Gefängnis oder Arbeitshaus zu stecken und nach ihrer Ent=
lassung zu warten, bis sie fürs Zuchthaus reif geworden sind, ist es jedenfalls weiser, sie beim zweiten oder dritten Rück=
falle nach der Strafkolonie zu deportieren.

§ 16 c.
  Die Deportationsstrafe ist entweder eine lebenslängliche oder eine zeitige. Der Höchstbetrag der zeitigen Deportationsstrafe ist fünfzehn Jahre, ihr Mindestbetrag sieben Jahre.
  Der Richter hat unter Berücksichtigung der That und des Vorlebens des Thäters zu beurteilen, ob und wie lange der für schuldig Befundene zu deportieren ist. Die Rückkehr eines Deportierten nach dem Deutschen Reich ist indes auch nach Verbüssung der Strafe nur zulässig, wenn der Deportierte nachzuweisen im Stande ist, dass er sich und seine Familie zu ernähren vermag.

Zu § 16 c.

Gegen die lebenslängliche Expatriierung der Unverbesser=
lichen wird sich nichts einwenden lassen. Indes ist der Begriff „unverbesserlich" kein absolut feststellbarer.

Nach dem französischen sogen. Rezidivisten-Gesetz vom 27. Mai 1885 sollen mit lebenslänglicher Verbannung (rélégation) bestraft werden folgende vier Klassen von Verurteilten:
1. solche, die innerhalb 10 Jahren zweimal zu Zuchthaus oder
2. einmal zu Zuchthaus und zweimal entweder wegen Verbrechen zu mehr als zweijährigem Gefängnis oder wegen Diebstahls, Betrugs, Unterschlagung, öffentlicher Verletzung der Schamhaftigkeit, gewohnheitsmäßiger Verleitung zur Unzucht oder wegen Landstreicherei oder Bettels zu mehr als dreimonatlichem Gefängnis oder
3. viermal wegen Verbrechen oder Vergehen der aufgeführten Art zu mehr als dreimonatlichem Gefängnis oder endlich
4. siebenmal überhaupt zu Gefängnis, wovon zweimal wegen Vergehen der erwähnten Art und noch zweimal zu mehr als drei Monaten verurteilt worden sind.

Es soll durch die Aufstellung gesetzlich fixierter Verbrechergruppen eine Präsumtion der Unverbesserlichkeit geschaffen werden und zwar in der Art, daß der Richter bei dem Vorliegen gewisser im Gesetze genau bestimmter Merkmale Unverbesserlichkeit annehmen muß. Als solche gelten nach dem Gesetz die Anzahl der Verurteilungen, ihre Schwere, der Zeitraum, der zwischen den einzelnen Verurteilungen liegt, und die Art des Verbrechens. Gegen diese gesetzliche Präsumtion der Unverbesserlichkeit läßt sich einwenden, daß dieselbe zu Härten führen kann; denn nicht die Thatsache des Rückfalles allein, sondern die Gefährlichkeit des Delinquenten für die Gesellschaft vermag nur eine so einschneidende Maßregel, als welche die lebenslängliche Deportation sich darstellt, zu rechtfertigen. Deshalb muß die Möglichkeit offen bleiben, daß der Richter in jedem einzelnen Falle die Notwendigkeit und Gerechtigkeit der Maßregel unter Prüfung der Persönlichkeit des Delinquenten in Erwägung zieht und dann nach freiem Ermessen entscheidet.

Die Mindestdauer der zeitigen Deportationsstrafe ist wie in allen deportierenden Staaten nicht unter sieben Jahren zu bemessen, weil nur von einer längeren Dauer dieser Strafe eine heilsame Wirkung erfahrungsmäßig erwartet werden kann*).

Die in dem § 16c enthaltene Erschwerung der Rückkehr rechtfertigt sich durch den Zweck der Deportation, welche auf Befreiung der Heimat von schädlichen Elementen gerichtet ist.

------
*) Vgl. unten meine Auseinandersetzung mit Bornhak.

Es wäre aber nicht nur unklug, sondern auch unbillig, die entlassenen Sträflinge nach Verbüßung ihrer Strafe in der Kolonie ohne weiteres wieder nach Deutschland abzuschieben. Denn dort angelangt müßten sie, ohne Mittel in den Händen und bei der Schwierigkeit der Erwerbsverhältnisse, die für den nach jahrelanger Abwesenheit Zurückgekehrten noch mehr gesteigert wird, und aus vielen bekannten, den Rückfall verursachenden Gründen von neuem Verbrechen begehen. In der Kolonie dagegen wird den Entlassenen die Möglichkeit gewährt, zu ökonomischer Selbständigkeit zu gelangen. Man wird deshalb in der im Gesetzentwurf aufgestellten Erschwerung der Rückkehr eher eine Wohlthat für den Entlassenen als eine Härte erblicken können.

§ 16d.

Begeht ein in das Deutsche Reich zurückgekehrter Deportierter wieder ein deportationswürdiges Verbrechen, so trifft ihn lebenslängliche Deportationsstrafe*).

§ 16e.

Den zu zeitiger Deportationsstrafe Verurteilten ist gestattet, nach Verbüssung ihrer Strafe sich in dem für entlassene Sträflinge bestimmten Ansiedelungsgebiete niederzulassen. Doch sind sie alsdann denselben Bestimmungen wie die zu lebenslänglicher Deportation Verurteilten unterworfen. (Vgl. die Ausführungsverordnung sub IV u. VI.)

§ 16f.

Personen, die das 16. Lebensjahr noch nicht oder solche, die bereits das 60. Lebensjahr vollendet haben, dürfen nicht deportiert werden.

Zu § 16f.

Voraussetzung für die Verhängung der Deportationsstrafe ist, daß die Gesundheitsverhältnisse des Verurteilten eine genügende Gewähr für sein Fortkommen in dem überseeischen Kolonialgebiet darbieten.

---

*) Bei solcher Regelung der Deportationsstrafe wird nicht, wie Krohne (Grenzboten 1879 S. 504) befürchtet, eine erhebliche Anzahl gefährlicher Deportierter ins Vaterland zurückkehren.

Von vornherein werden deshalb von der Deportation **Greise***) und **leidende Personen** auszuschließen sein. **Jugendliche Personen**, die noch nicht das Alter der Strafmündigkeit erreicht haben, sind eo ipso ausgeschlossen. Dagegen braucht man vom **sechzehnten Jahre** ab wegen etwaiger nachteiliger Folgen der Deportation nicht ängstlich zu sein. Gerade Personen im Alter von 16 bis 30 Jahren sind am geeignetsten für die Deportation. Auch wird, wenn die Deportation in diesem Altersstadium erfolgt, das nicht mehr eintreten können, was Bennecke (Verhandl. des Gefängnisvereins s. Schlesien und Posen 1894, S. 28) befürchtet: „daß der Mensch, ehe er nach Bruck's Vorschlag in die Kolonien käme, meist eine stürmische Vergangenheit, insbesondere eine Anzahl von Freiheitsstrafen hinter sich hat". Uebrigens wird sich auch für bloß schwächliche Personen — also nicht für völlig heruntergekommene, zu jeder Arbeit unfähige — in den Kolonien viel eher eine Arbeit finden lassen, welche den Deportierten nicht nur genügend beschäftigt, sondern bei vernünftiger Verwendung sogar kräftigt, als in unseren Zuchthäusern, in welchen das schwächliche Individuum notorisch eine Last dieser Anstalten ist, bis der Tod es erlöst**).

Art. II.

Den bereits vor Erlass dieses Gesetzes zu mehrjährigen Freiheitsstrafen Verurteilten wird gestattet ihre Strafe als Deportierte zu verbüssen.

Art. III.

Die Vollstreckung der Deportationsstrafe erfolgt durch das Reich. Doch wird dadurch die Ausübung des den Einzelstaaten zustehenden Begnadigungsrechts nicht berührt.

---

*) Art. 6 des französischen Rezidivisten-Gesetzes vom 27. Mai 1885 bestimmt: La rélégation n'est pas applicable aux individus qui seront âgés de plus de soixante ans ou de moins de vingt-un ans à l'expiration de leur peine.

**) Im Zuchthause läßt sich der Sträfling gar nicht anders als in den daselbst eingeführten Industrieen beschäftigen, für welche sehr häufig seine Kraft nicht ausreicht. Die Billigkeit aber erfordert, daß auf die körperlichen und geistigen Anlagen des Sträflings Rücksicht genommen werde. Im entgegengesetzten Falle lädt der Staat die schwere Verantwortung auf sich, durch Grausamkeit beziehungsweise Unzweckmäßigkeit der Behandlung des Sträflings im Zuchthause diesen für die freie Arbeit nach seiner Entlassung unfähig gemacht zu haben.

Zu Art. III.

Da die Deportationsstrafe in einem Schutzgebiet des Reichs vollstreckt werden soll, so muß auch durch Gesetz ausgesprochen werden, 1. daß das Reich als solches die von den Gerichten der Einzelstaaten verhängte Deportationsstrafe vollstreckt und 2. daß dadurch das Souveränitätsrecht der Begnadigung der Einzelstaaten nicht berührt werden soll*).

Art. IV.

Hinter den § 483 der Strafprozessordnung für das Deutsche Reich wird der § 483a eingestellt:

§ 483a.

In Sachen, in denen rechtskräftig auf Deportationsstrafe erkannt worden ist, hat der Gerichtsphysikus sich darüber zu äussern, ob der Verurteilte zur Deportation geeignet ist. Ist dies der Fall, so hat der Staatsanwalt bei der Kolonial-Abteilung des Deutschen Reichs die Deportation zu beantragen. Erklärt die Kolonial-Abteilung die Deportation für ausführbar, so hat der Staatsanwalt die Ablieferung des Verurteilten an das Depot**) des Deutschen Reichs zu bewirken. Erklärt dagegen die Kolonial-Abteilung die Deportation im vorliegenden Falle für nicht ausführbar, so liegt die Vollstreckung der für diesen Fall erkannten Freiheitsstrafe dem Staatsanwalt ob. Dasselbe findet statt, wenn der Gerichtsphysikus den Verurteilten zur Deportation für ungeeignet erklärt hat.

Art. V.

Zu den Kosten des Strafvollzuges im Wege der Deportation trägt jeder Bundesstaat nach der Kopfzahl der von ihm deportierten Sträflinge bei ***). Der Jahresbeitrag für den Kopf wird durch den Reichskanzler festgestellt. Etwaige Mehrkosten des Strafvollzuges trägt das Reich.

---

*) Vgl. v. Stengel in der Wissenschaftlichen Beilage der Münchener Allg. Zeitung (1896) Nr. 157 S. 2.
**) Hierzu dürfte das Zuchthaus in Hamburg geeignet sein.
***) Vgl. Hasse a. a. O. S. 930.

Art. VI.
Die zur Ausführung dieses Gesetzes erforderlichen Bestimmungen über die Verwaltung der Strafkolonie und über die Art des Strafvollzuges in derselben, ferner über die Strafgerichtsbarkeit und über das Strafverfahren betreffend die Deportierten werden durch Kaiserliche Verordnung unter Zustimmung des Bundesrats getroffen.

Art. VII.
Dieses Gesetz tritt am ..... in Kraft.
Urkundlich etc.

Gegeben etc.

B.
Entwurf einer Verordnung zur Ausführung des Deportationsgesetzes*).

Wir Wilhelm, von Gottes Gnaden Deutscher Kaiser, König von Preussen etc., verordnen auf Grund der Bestimmungen des Art. VI des Deportationsgesetzes im Namen des Reichs, nach erfolgter Zustimmung des Bundesrats, was folgt:

I.
Vom Gouverneur der Strafkolonie und seinen Befugnissen.

§ 1. An der Spitze der Verwaltung der Strafkolonie steht als Gouverneur der Kaiserliche Landeshauptmann von Deutsch-Südwestafrika. Er ernennt alle

---

*) Der nachfolgende Entwurf regelt die Verwaltung der Strafkolonie, insbesondere die Art des Strafvollzuges in derselben. Innerhalb des Rahmens dieses Organisationsstatuts ist aber dem Gouverneur ein weiter Spielraum für sein Wirken gelassen. Nichts wäre verkehrter und für das Gedeihen der Kolonie nachteiliger, als wenn man dem Gouverneur vom grünen Tische aus Instruktionen und Verhaltungsmaßregeln für Verhältnisse geben wollte, die nur derjenige zu beurteilen vermag, der an Ort und Stelle wirkt. Gerade wir Deutschen haben die Neigung, die Schaffensfreudigkeit unsrer Verwaltungsorgane durch fortwährendes Reglementieren zu lähmen. Hier könnten wir viel von den Engländern lernen. Den ersten Gouverneuren von Neu-Süd-Wales, die freilich ungemein tüchtige Beamte waren, wurden nur die allgemeinen Umrisse ihrer Machtvollkommenheit angedeutet. Nur dadurch war es ihnen möglich mit der Energie zu handeln, welche die Umstände erforderten, nur dadurch vermochten sie die vielfachen Hindernisse und Hemmungen zu beseitigen, die sich besonders bei der Neubegründung solcher Unternehmungen notwendig einzustellen pflegen. Durch solche außerordentliche Machtbefugnisse wird selbstverständlich die Verantwortlichkeit des höchsten Kolonialbeamten für die während seiner Amtsführung vorgenommenen Handlungen nicht ausgeschlossen.

Beamten seines Ressorts, insbesondere die Leiter der einzelnen Unternehmungen der Strafkolonie, der Straffarmen und der im öffentlichen Interesse von den Sträflingen zu leistenden Arbeiten.

§ 2. Alle Beamten der Strafkolonie, mit Ausnahme der richterlichen, handeln nur auf Grund des ihnen vom Gouverneur erteilten Auftrages als dessen Stellvertreter. Sie unterstehen seiner Aufsicht und Disziplinargewalt. Sie können jederzeit vom Gouverneur entweder für immer oder auf Zeit ihres Amtes enthoben werden.

Zu §§ 1, 2.

Der Gouverneur wird besser als irgend eine binnenländische Behörde des Reichs im Stande sein, den für einen bestimmten Posten in der Verwaltung der Strafkolonie geeigneten Mann zu finden. Hierzu gehört eine längere Bekanntschaft mit der Persönlichkeit und eine aufmerksame Beobachtung ihres Wirkens im kolonialen Dienst, wie solche wohl der Gouverneur an Ort und Stelle, nicht aber eine Zentralbehörde des Reichs erlangen kann. Gerade für die Anlage und Leitung der Straffarmen ist die Persönlichkeit des hiermit beauftragten Beamten von der größten Wichtigkeit, denn nur gewiegte Fachleute können mit derartigen Missionen beauftragt werden. (Vgl. Bruck, Fort mit den Zuchthäusern! S. 46.)

Dem Gouverneur muß aber die Befugnis zustehen, Beamte, die sich in der Folge für das ihnen aufgetragene Amt als unbrauchbar erweisen, durch andere befähigtere zu ersetzen.

§ 3. Gegen alle Verfügungen der Verwaltungsbeamten der Strafkolonie ist die Beschwerde an den Gouverneur zulässig.

II.
Von den Straffarmen.

§ 4. Die deportierten Sträflinge werden auf Straffarmen untergebracht. Sie werden während der Nacht, und wenn es die Witterung erfordert, in Baracken eingeschlossen*).

---

*) Ueber den Einwand der Fluchtgefahr vgl. unten die gegen den Grafen Pfeil gerichtete Entgegnung.

§ 5. Der Gouverneur beziehungsweise dessen Stellvertreter bestimmt die Straffarm, in welche der Sträfling zu schicken ist. Zu diesem Zwecke erhält er einen vom Staatsanwalt verfassten Personalbericht über Vorleben und Strafthat des Sträflings.

Zu § 5. Die Auswahl der Sträflinge für eine bestimmte Straffarm muß wohl überlegt sein. Damit sie in sachgemäßer Weise erfolgen könne, empfiehlt es sich, daß der Staatsanwalt oder auch das Gericht ein kurzes Referat über das von dem Deportierten verübte Verbrechen unter Vorausschickung der vita ante acta desselben anfertigt. Dieses Referat geht durch Vermittelung der Kolonialabteilung, in welcher ein besonderer Dezernent die Deportationssachen bearbeitet, an den Gouverneur, und dieser beziehungsweise dessen Stellvertreter entscheidet nach vorangegangener Kenntnisnahme des konkreten Falles über den Strafverbüßungsort und über die Art der Verwendung des einzelnen Deportierten. So können z. B. die weniger schlimmen Störenfriede der bürgerlichen Ordnung bei Verbüßung ihrer Strafe von den gefährlichen Elementen thunlichst getrennt und in eigens für sie errichteten Strafstationen untergebracht werden. Bei der Größe der uns für Deportationszwecke zur Verfügung stehenden Gebiete dürfte sich überhaupt das Prinzip der Individualisierung noch in weit größerem Maße als dies bei dem binnenländischen Strafvollzuge möglich ist, durchführen lassen. Es könnte in den verschiedenen Straffarmen für die verschiedenen Kategorien von Verbrechern unter Berücksichtigung ihres Vorlebens, der Schwere der von ihnen begangenen Strafthaten, der Art und Weise ihrer Begehung u. s. w. sowohl der Strafvollzug als auch die Disziplin entsprechende Modifikationen erfahren.

Verfehlt wäre es, wollte man nach einem bestimmten Ort nur solche Sträflinge deportieren, welche zum Ackerbau geeignet sind; denn bei der Gründung einer Strafkolonie, wie überhaupt bei der Gründung einer jeden anderen Kolonie sind verschiedene Kategorien von Handwerkern erforderlich. So machte sich beispielsweise bei der Kolonisierung von Neu-Süd-Wales durch englische Sträflinge der Mangel an Bauarbeitern in störender Weise geltend. (Vgl. v. Holtzendorff, Deportation, S. 220.)

§ 6. Die Straffarmen werden nach dem Ermessen des Gouverneurs an verschiedenen Punkten des südwestafrikanischen Kolonialgebiets angelegt. Sie dienen in erster Linie zur Erzeugung der für die Ernährung der Sträflinge erforderlichen Lebensmittel und ferner als Versuchsstationen für landwirtschaftliche Betriebszweige und als Vermittelungsstellen, welche den freien Ansiedlern den Bezug von Zugtieren, von Saat- und Pflanzenmaterial erleichtern.

Zu § 6.

1. Bei der Gründung einer Straffarm muß deren agrare Selbständigkeit als nächstes Ziel ins Auge gefaßt werden. Zu diesem Zwecke muß die Ackerbestellung so eingerichtet werden, daß die zur Erhaltung der Deportierten erforderlichen Lebensmittel möglichst bald vorhanden sind. Da die Verpflegung der Sträflinge dem Strafzwecke entsprechend höchst einfach sein kann, so dürfte der Zeitpunkt, wo die Erzeugnisse der Straffarmen zur Ernährung der Sträflinge völlig ausreichen werden, recht schnell eintreten. Bis zu diesem Zeitpunkte müssen die nötigen Lebensmittel anderweit beschafft werden. Bei der Lage von Deutsch-Südwestafrika wird sich der Ankauf von Lebensmitteln teils im Schutzgebiete selbst, teils in den Nachbargebieten ohne Schwierigkeiten bewerkstelligen lassen. Aus der Heimat brauchen sie nicht herbeigeschafft zu werden. Sobald aber die Straffarmen durch das Fortschreiten der Kulturarbeiten vom Mutterlande unabhängig geworden sind, hört jede weitere Belastung desselben auf. Aus den steigenden Erträgnissen, welche dem Reiche aus dem Verkaufe der überschüssigen Kolonialprodukte und der ihm gehörigen Ländereien im Ansiedelungsgebiete (Vgl. § 8.) erwachsen, werden die vorher auf die Straffarmen verwendeten Anlagekosten reichlich gedeckt. — Die Strafkolonisten von Neu-Süd-Wales hatten bereits nach Verlauf von ein paar Jahren ihres Bestehens solche Erträge an Lebensmitteln, daß sie die Konkurrenz der aus England besorgten Zufuhr unangenehm empfanden. (Holtzendorff, Deportation, S. 247.)

2. Die Straffarmen werden besonders als Versuchsfarmen für solche landwirtschaftliche Betriebszweige dienen, die für die Ansiedler im Schutzgebiete zu kostspielig sind, z. B. für die Einführung des Kaffee- und Tabakbaues oder für die Kultur und die Bearbeitung von Rosinen. (Vgl. Hindorf's Bericht in den Denkschriften über die Entwickelung der Deutschen Schutzgebiete im Jahre 1894/95, S. 199.)

III.
Von der Beschäftigung und Behandlung der männlichen Sträflinge.*)

§ 7. Die Beschäftigung der Sträflinge wird einerseits durch deren zukünftigen Beruf als Ansiedler im Kolonialgebiet, andererseits durch die allgemeinen Bedürfnisse der Kolonie bestimmt.

§ 8. In der ersten Zeit der Strafverbüssung sind die Sträflinge regelmässig zu öffentlichen Arbeiten heranzuziehen. Hierher gehören besonders Wegebauten, (Eisenbahnen), Regulierung von Flussläufen, Berieselungsanlagen, Hafenanlagen, ferner Bauarbeiten, wie Unterkunftsräume für Sträflinge (Baracken), Magazine, Speicher, Hospitäler, Häuser für Beamte, endlich Kulturarbeiten zum Zwecke der Urbarmachung von Ländereien und Vorbereitungsarbeiten in den zum Verkauf an Ansiedler bestimmten Parzellen für deren zukünftige landwirtschaftliche Bestimmung, insbesondere die Errichtung kleiner Lehmhäuschen in der Nähe der Wasserstelle, die Umzäunung der Farm und andere notwendige Einrichtungen.

Zu § 8.

Dadurch wird den Ansiedlern bei ihrer Ankunft ungemein geholfen und ihnen ihr Wirken erheblich erleichtert, zugleich werden die Parzellen selbst im Werte gesteigert und der dadurch erzielte Gewinn trägt zur Verringerung der Kolonialkosten erheblich bei.

§ 9. Ausser diesen Arbeiten können die Sträflinge zu allen Arbeiten, deren sie fähig sind, angehalten werden. Hauptsächlich werden sie als Ackerbauer beschäftigt.

---

*) Das der Beschäftigung beziehungsweise der Behandlung der Sträflinge zu Grunde liegende Prinzip besteht darin, die Lage des Sträflings bei fortdauernd guter Führung stufenweise zu erleichtern (Progreßsystem), bis er schließlich nach längerer Probezeit, in welcher er sich bewährt hat, zu wirtschaftlicher Selbständigkeit und bürgerlicher Gleichstellung mit der freien Bevölkerung gelangt. Durch dieses System des Strafvollzuges soll in jedem Sträfling die Hoffnung auf eine allmähliche Besserung seiner Lage erweckt werden. Hierin liegt für den Sträfling ein mächtiger Antrieb, sich moralisch zu heben, und dieser Trieb wirkt zugleich nutzbringend für das Gedeihen der Kolonie.

§ 10. Zu landwirtschaftlichen Arbeiten werden nicht nur die dem landwirtschaftlichen Berufe angehörigen Sträflinge verwendet, sondern überhaupt die jugendlichen und auch diejenigen Sträflinge, welche, ohne eine bestimmte Profession erlernt zu haben, sich für die Beschäftigung in landwirtschaftlichen Betrieben eignen.

§ 11. Bei tadelloser Führung können die Sträflinge auch bedingungsweise an selbstständige Ackerwirte auf deren Antrag in Dienst gegeben werden.*) Für Kost und Kleidung hat alsdann der Arbeitgeber zu sorgen. An die Kolonialverwaltung hat er ausserdem einen vertragsmässig festgestellten Lohn zu zahlen, der zu einem Teile der Kolonialkasse zufliesst, zu einem andern Teile dem Sträfling gutgeschrieben und ihm bei seiner Entlassung ausgezahlt wird.

Der in dieser Weise beschäftigte Sträfling geht dieser milderen Form der Strafverbüssung verlustig, wenn er durch Trägheit oder durch sein Betragen hierzu Veranlassung giebt. Alsdann wird er wieder zur Zwangsarbeit in eine Strafarm versetzt.

Zu § 11.

Aehnlich war das Beschäftigungssystem, das sich unter den Gouverneuren der aufblühenden englischen Strafkolonie Neu-Süd-Wales nach und nach ausgebildet hatte. Nachdem der Sträfling in der Strafkolonie als Strafknecht sich in hartem Dienst bewährt hatte, wurde er in sogen. Rodungskompagnieen (clearing gangs), welche von Wächtern beaufsichtigt wurden, eingereiht. Diese wurden privaten Land-Eigentümern gegen Gewährung von Kost und Bezahlung von Lohn an das Gouvernement zur Ausrodung gewisser Landstrecken überwiesen. Wenn sich der Sträfling gut geführt hatte, wurde er einem freien Ansiedler assigniert. Befriedigten die Leistungen und die Führung des Assignierten während der Zeit seiner Assignation, welche genau bestimmt war, so wurde ihm endlich für den Rest der Strafzeit ein Urlaubsschein (ticket of leave) gegeben, auf Grund dessen er sich innerhalb eines bestimmten Bezirkes selbständig gegen Lohn verdingen durfte.

---

*) In Neu-Süd-Wales machte sich schon nach wenigen Jahren der Besiedelung eine starke Nachfrage von seiten freier Ansiedler nach Sträflingen als Arbeiter geltend. Holtzendorff, Deport. S. 249.

IV.
Von der Ansiedelung entlassener und von der Unterbringung und Beschäftigung weiblicher Sträflinge.

§ 12. Nach Ablauf von drei Jahren — aber nicht eher — kann die Verwaltungsbehörde den Sträfling, der sich während dieser Zeit gut geführt und brauchbar erwiesen hat, bedingungsweise aus der Straffarm entlassen und ihn in einem ausschliesslich für entlassene Sträflinge bestimmten Gebiete als Ackerwirt ansiedeln.

Zu § 12. Durch die bedingungsweise Entlassung der Sträflinge in privaten Dienst und durch deren Ansiedelung nach Verbüßung eines Teiles der Strafe verringern sich die Unterhaltungskosten für die Deportierten erheblich.

Die Fernhaltung freier Ansiedler von dem für entlassene Sträflinge bestimmten Terrain erscheint durch die Erfahrungen geboten, die England bei der Gründung der Strafkolonie von Neu-Süd-Wales gemacht hat. Dadurch wird von vornherein die Möglichkeit einer Opposition freier Einwanderer gegen die fortgesetzte Zuschiebung von Deportierten abgeschnitten. Selbstverständlich können sich in dem für entlassene Sträflinge bestimmten Gebiete solche Personen niederlassen, welche (wie z. B. Geistliche, Lehrer, Aerzte) als Kolonialbeamte angestellt sind.*)

§ 13. In gleicher Weise können auch diejenigen Sträflinge, welche ihre Strafe bereits verbüsst haben und nach ihrer Heimat nicht zurückkehren können oder wollen, von der Verwaltung angesiedelt werden.

§ 14. Hält aber die Verwaltung solche Sträflinge zu selbständiger Bewirtschaftung einer Ackerparzelle im Ansiedelungsgebiete für ungeeignet, so können dieselben versuchsweise entweder freien Ansiedlern oder solchen entlassenen Sträflingen, die sich als Ansiedler bereits längere Zeit bewährt haben, auf deren Antrag überwiesen werden. Für den Fall der Unbrauchbarkeit im Privatdienst werden sie von der kolonialen Verwaltung nach ihren Fähigkeiten bei öffentlichen Arbeiten beschäftigt.

---

*) Ferner die im § 27 dieser Verordnung zugelassenen Frauenspersonen.

§ 15. Ist der nach dem Ansiedelungsgebiete Entlassene ein Landwirt oder hat er sich während seiner Strafzeit in der Farm landwirtschaftliche Kenntnisse erworben, so wird ihm Ackerland, eine Hütte, Saatgut und Ackergerät, sowie das erforderliche Vieh zugewiesen*).

§ 16. Das Eigentum der zugewiesenen Parzellen verfällt zu Gunsten des Fiskus, wenn der Angesiedelte durch unordentlichen Lebenswandel den landwirtschaftlichen Betrieb trotz wiederholter Verwarnung vernachlässigt. Er wird dann ebenso behandelt wie derjenige Sträfling, welchen die Verwaltung nach Verbüssung der Strafzeit zu selbständiger Bewirtschaftung einer Ackerparzelle für ungeeignet erachtet.

§ 17. Wenn der Entlassene kein Landwirt ist, so ist ihm zu gestatten, in dem für Entlassene bestimmten Ansiedelungsgebiete unter Gewährung einer Heimstätte und der notwendigen Arbeitsmittel eine andere seinen Fähigkeiten entsprechende Thätigkeit, z. B. ein Handwerk, eine Technik oder ein Handelsgewerbe zu betreiben. Solchen Ansiedlern können auf ihr Ersuchen Sträflinge, welche dasselbe Handwerk oder Gewerbe gelernt und sich während der Strafzeit ordentlich geführt haben, schon vor Ablauf von drei Jahren zur Zwangsarbeit überwiesen werden.

Zu § 17.

Es liesse sich durch nichts rechtfertigen, wollte man Handwerker zu landwirtschaftlichen Arbeiten zwingen und sie dadurch ihrem ursprünglichen Berufe entfremden.

§ 18. Gehört der Entlassene der Kategorie der Gebildeten an, so kann er sich in dem Ansiedlungsgebiete berufsmässig beschäftigen, z. B. als Arzt oder Lehrer. Ehemalige Beamte können versuchsweise von der kolonialen Verwaltung, z. B. im Schreiberei- und Rechnungswesen, angestellt werden.

---

*) In den englischen Kolonien wurde für die Erhaltung der Ansiedler auf Staatskosten aus den öffentlichen Vorräten für den Zeitraum von einem Jahre gesorgt. Doch wurde diese Periode von den Kolonisten und Kolonialbeamten für sehr kurz erachtet, indem man es für unmöglich hielt, nach Ablauf eines Jahres in den Besitz der erforderlichen Vorräte zum eigenen Unterhalte zu gelangen. v. Holtzendorff, Deport. S. 232.

Zu § 18.

Gerade diese Kategorie Entlassener kann eine wertvolle Stütze des neu sich bildenden Gemeinwesens werden.

§ 19. Die weiblichen Deportierten sind von vornherein in das für entlassene Sträflinge bestimmte Ansiedelungsgebiet zu bringen. Dort werden sie sofort verheirateten Ansiedlern in Dienst gegeben. Zu schwereren Arbeiten, als zu welchen ihre Körperkräfte ausreichen, dürfen weibliche Sträflinge nicht angehalten werden, wohl aber zu Gemüsebau, Gartenarbeiten, Viehwirtschaft etc. überhaupt zu allen in dem Bereich weiblicher Beschäftigung liegenden wirtschaftlichen Arbeiten. Auch können weibliche Deportierte als Dienstboten der in der Strafkolonie angestellten Offiziere und Beamten verwendet werden.

Zu § 19.

Man kann die weiblichen Deportierten mit den männlichen während der Dauer der Strafknechtschaft nicht gut zusammen arbeiten lassen. Alsdann würde der Geschlechtsverkehr unvermeidbar sein. So lesen wir bei Holtzendorff (Deport. S. 251), daß in Neu-Süd-Wales, wo eine Scheidung nach Geschlechtern nicht durchgeführt war, das weibliche Geschlecht sich noch verborbener zeigte, als der übrige Teil der damaligen kolonialen Bevölkerung. Die Frauenspersonen gaben sich mit demselben Eifer den Ausschweifungen hin, als ob sie sich in den verrufensten Straßen Londons bewegten.

Die Anlage einer besonderen Strafstation für weibliche Sträflinge ist aber deshalb nicht empfehlenswert, weil sich die zur Erhaltung einer solchen notwendigen schweren Arbeiten nur zum geringsten Teile durch Frauen ermöglichen lassen. Man müßte denn geradezu Strafanstalten für Frauen in den Kolonieen errichten. Diese Art der Strafverbüßung soll aber in den Kolonieen eben vermieden werden. Dagegen werden den angesiedelten Sträflingen die Dienste der weiblichen Deportierten höchst willkommen sein. Ein landwirtschaftlicher Betrieb läßt sich auch ohne weibliche Mithilfe schwer denken. Für diesen Dienst werden sich besonders diejenigen eignen, welche ursprünglich der Landbevölkerung angehört haben.

§ 20. Haben die weiblichen Deportierten ihre Strafzeit bei ihren Dienstherren zu deren Zufriedenheit abgebüsst, so ist ihnen für den Fall, das sie zu der

2*

Kategorie der lebenslänglich Deportierten gehören oder zu denen, welche nicht in ihre Heimat zurückkehren können oder wollen, die freie Niederlassung in dem Ansiedelungsgebiete zu gestatten. Sie können sich alsdann daselbst verheiraten oder als freie Arbeiterinnen gegen Kost und Lohn bei Ansiedlern verdingen oder auch ihren Fähigkeiten entsprechende Gewerbe (z. B. als Schneiderinnen, Wäscherinnen, Handelsfrauen) betreiben. Doch müssen sie auf Verlangen der Kolonialbehörde den Nachweis ihres redlichen Erwerbes beibringen. Für den Fall der Verehelichung in der Kolonie fällt diese Verpflichtung weg.

§ 21. Das Ansiedelungsgebiet steht unter einem vom Gouverneur ernannten Direktor und den zur Verwaltung erforderlichen Beamten.

§ 22. Alle in das Ansiedelungsgebiet entlassenen Sträflinge stehen unter der Disziplin des Direktors, beziehungsweise der von diesem eingesetzten Ueberwachungsbehörde.

§ 23. Der angesiedelte Sträfling ist verpflichtet, nach einer von der Verwaltungsbehörde des Ansiedelungsgebietes billig zu bemessenden Frist 1. die vom Reiche für ihn verauslagten Transportkosten, 2. den Preis für das zur Bebauung übergebene, vorher urbar gemachte Ackerland, 3. die für die Errichtung der Hütte, für die Gewährung von Saatgut, Ackergerät und Vieh gemachten Aufwendungen zurückzuerstatten.

Die nach dem Ansiedelungsgebiete entlassenen Sträflinge, welche der Kategorie der Handwerker, Techniker oder Gewerbtreibenden angehören, müssen ausser den Transportkosten die für Gewährung einer Heimstätte und der notwendigen Arbeitsmittel gemachten Aufwendungen zurückerstatten.

§ 24. Die Zurückzahlung erfolgt in der Form eines jährlich zu zahlenden Zinses oder in Naturalien. Die Einziehung liegt der Verwaltungsbehörde des Ansiedelungsgebietes ob.

Zu § 24.

Die Eintreibung dieses Zinses wird insofern wenig Schwierigkeiten bereiten, als die Kolonialverwaltung über das wirtschaftliche Gebahren des Angesiedelten nach wie vor die Kontrole behält

§ 25. Hat sich der Entlassene zehn Jahre hindurch zur Zufriedenheit der Disziplinarbehörde geführt, so steht ihm frei, sich überall im Kolonialgebiete sesshaft zu machen und das Bürgerrecht zu erwerben.

Zu § 25.

Es wäre verfrüht, wollte man die Entlassenen sofort nach der Strafverbüßung unter das allgemeine bürgerliche Recht stellen. Bevor dies geschieht, müssen die Entlassenen sich erst während einer längeren Probezeit (10 Jahre) bewährt haben. Dagegen unterliegt die Bestimmung des § 25 keinem Bedenken, wie ja auch jedem deutschen Sträfling nach Verbüßung seiner Strafe im Inlande die Niederlassung im Reiche nach freier Wahl gestattet ist.

§ 26. Erscheint das Ansiedelungsgebiet nicht mehr zur Strafkolonisation geeignet, weil sich in demselben bereits eine Generation unbescholtener Nachkommen entlassener Sträflinge befindet, so wird das Ansiedelungsgebiet durch Erlass des Gouverneurs geschlossen und formell auch freien Einwanderern eröffnet.

Zu § 26.

Die sich alsdann in diesem Gebiete ansiedelnden freien Einwanderer dürfen sich über die Anwesenheit von entlassenen Sträflingen oder von Abkömmlingen derselben nicht beklagen. Sie hatten ja bei ihrer Niederlassung Kenntnis von dem Stande der Dinge. Außerdem steht ihnen jederzeit frei, durch Auswanderung ihre Lage zu ändern.

V.
Von der Verheiratung der Deportierten.

§ 27. Den nach dem Ansiedelungsgebiete Entlassenen wird für den Fall ihrer Ledigkeit gestattet:

1. solche Frauenspersonen zu heiraten, welche wegen begangener Verbrechen gleichfalls nach der Kolonie deportiert worden sind und bereits ihre Strafe verbüsst haben,

2. solche Frauenspersonen zu heiraten, die zwar keine deportationswürdigen oder überhaupt keine strafbaren

Handlungen begangen haben, die sich aber freiwillig nach dem Ansiedelungsgebiete zum Zwecke ihrer Verehelichung begeben haben.

§ 28. Bevor der Strafkolonist die Ehe eingehen darf, muss er der Zivilstandsbehörde den Konsens der Kolonialbehörde vorlegen. Dieser darf nur verweigert werden, wenn der vor seiner Deportation verheiratete Kolonist nicht nachzuweisen vermag, dass seine frühere Ehe gelöst, oder wenn der Kolonist nicht im Stande ist, eine Familie zu ernähren.

§ 29. Den nach dem Ansiedelungsgebiete entlassenen verheirateten Deportierten ist gestattet, ihre in der Heimat zurückgebliebenen Frauen und Kinder in das Ansiedelungsgebiet nachkommen zu lassen.

Zu § 29.

Richtig ist, daß, wenn die Strafkolonisation ermöglicht werden soll, dafür gesorgt werden muß, daß die entlassenen Sträflinge Familien begründen können. Die Frage wird daher erst von Bedeutung, wenn der erste Teil der Deportationsstrafe, die Strafknechtschaft, ihr Ende erreicht hat. Denn während dieser Zeit soll der Sträfling den Strafzwang voll empfinden. Erst wenn er durch sein Verhalten gezeigt hat, daß er im Stande ist, durch eigene Arbeit sich und eine Familie zu erhalten, kann er an die Begründung einer Familie denken, und zwar ist es alsdann sogar wünschenswert, daß er sich verehelicht. Denn die Ehe ist nicht nur ein geeignetes Mittel, den geschlechtlichen Ausschweifungen des Einzelnen vorzubeugen und besonders die Entsittlichung des jüngern Alters einzuschränken, sondern sie ist die Grundbedingung der Familienbildung, ohne welche auch ein noch so primitives Gemeinwesen nicht gedacht werden kann.

Selbstverständlich müßte das Reich diese Kategorie von Frauenspersonen unentgeltlich nach dem Ansiedelungsgebiete befördern. Sehr skrupulös braucht man bei der Auswahl dieser Frauenspersonen nicht zu sein. Es könnten sich auch Prostituierte darunter befinden, überhaupt Personen, welchen in der Heimat zur Begründung eines anständigen Erwerbes Mittel und Gelegenheit fehlen. Würde man bei der Wahl zu rigoros verfahren, so würde man die zur Ausgleichung des Mißverhältnisses zwischen den Geschlechtern genügende Anzahl von Heiratskandidatinnen nicht aufzutreiben vermögen.*) In dieser Art von Heiratsbegünstigung kann eine Unsittlichkeit nicht erblickt werden. Gehen solche Frauen mit einem entlassenen Sträfling eine Ehe ein, so haben sie sich gegenseitig nichts vorzuwerfen. Sie kennen ihr beiderseitiges Vorleben. Ehrbare Mädchen werden sich schwer zur Verheiratung mit einem gewesenen Verbrecher entschließen. Daß weiß dieser recht wohl, und deshalb werden diejenigen Sträflinge, welche das Bedürfnis zu heiraten empfinden, über einen etwaigen Makel im Vorleben ihrer Zukünftigen hinwegsehen. Sicher ist das Eheleben solcher moralisch nicht intakten Elemente dem außerehelichen Geschlechtsleben vorzuziehen.

VI.
Von der Disziplinar- und Strafgewalt**).

A. Disziplinarstrafen.

§ 30. Verstösse gegen die Disziplin, wie Ungehorsam, Trägheit, unanständiges Benehmen, werden an männlichen Sträflingen mit körperlicher Züchtigung geahndet.

Frauen werden in solchen Fällen mit Haft bei Wasser und Brot bestraft.

§ 31. Ueber diejenigen Sträflinge, welche von der kolonialen Verwaltung Privaten in Dienst gegeben worden sind, kann auch dem Dienstherrn die Disciplinargewalt übertragen werden. Es steht ihm alsdann ein mässiges Züchtigungsrecht zu.

Gegen grausame Behandlung sind diese Sträflinge durch die Verwaltung zu schützen.

B. Gerichtliche Strafen.

§ 32. Vergehen im Sinne des Deutschen Strafgesetzbuchs werden mit körperlicher Züchtigung, magerer Kost und mit Entziehung etwaiger Milderungen des Strafvollzuges (Vgl. § 11.) geahndet.

---

*) Die Kriminalität der Männer übersteigt die der Weiber erheblich. Nach der Preuß. Statistik der Straf- und Gefangenen-Anstalten waren am Schlusse des Jahres 1891/92 15 447 männliche und nur 2047 weibliche Zuchthaussträflinge detiniert.

**) Diese Rubrik enthält selbstverständlich nur die Grundzüge des materiellen und formellen Strafrechts. Die weitere Entwickelung und Ausgestaltung muß im Verordnungswege erfolgen.

§ 33. Verbrechen im Sinne des Deutschen Strafgesetzbuchs, ferner Fluchtversuch werden mit körperlicher Züchtigung und mit verschärfter Zwangsarbeit z. B. Rodung, Bergwerks- und Hafenarbeit bestraft. Der Höchstbetrag dieser Strafe ist zehn, ihr Mindestbetrag zwei Jahre. Bei wiederholter Begehung von Verbrechen kann auf **lebenslängliche** Dauer der verschärften Zwangsarbeit erkannt werden.

§ 34. **Mord, Meuterei, thätlicher Angriff eines Vorgesetzten, wiederholter Fluchtversuch** werden mit dem **Tode** bestraft.

§ 35. Begeht ein in das Ansiedelungsgebiet Entlassener ein Vergehen im Sinne des Deutschen Strafgesetzbuchs, so wird er zur Strafe zu **öffentlichen Arbeiten** im Ansiedelungsgebiete bis auf die Dauer von zwei Jahren herangezogen, in leichteren Fällen kann auch auf **Geldstrafe** oder auf **Leistung von Naturalien** erkannt werden.

§ 36. Begeht ein in das Ansiedelungsgebiet Entlassener ein **Verbrechen** im Sinne des Deutschen Strafgesetzbuchs, so verliert er zur Strafe seine ihm nur **versuchsweise** gewährte Freiheit. Er wird wieder nach einer Straffarm befördert und muss dort mindestens zwei Jahre als **Strafknecht** arbeiten.

Bei **wiederholter** Begehung eines Verbrechens kann **lebenslängliche** Strafknechtschaft eintreten.

§ 37. Die Bestimmungen des § 36 finden auch auf diejenigen in das Ansiedelungsgebiet entlassenen Sträflinge Anwendung, welche bereits ihre Strafzeit verbüsst haben. (Vgl. § 16c des Deport.-Ges.)

C. Strafgerichte und Strafverfahren.
a. Zuständigkeit.

§ 38. Zur Aburteilung der von den Sträflingen während ihrer Strafzeit verübten Verbrechen und Vergehen werden nach Bedürfniss mehrere Gerichtshöfe gebildet. Dieselben sind, je nachdem ein Verbrechen oder Vergehen im Sinne des Deutschen Strafgesetzbuchs vorliegt, entweder **grosse** oder **kleine** Strafgerichte. Erstere bestehen ausser dem Vorsitzenden aus vier, letztere ausser dem Vorsitzenden aus zwei Offizieren der in

Deutsch-Südwestafrika stationierten Schutztruppe oder der Marine. Auch können, wenn Offiziere nicht in genügender Zahl vorhanden sind, geeignete Zivilpersonen als Beisitzer einberufen werden.

§ 39. Als Vorsitzender der Strafgerichte fungieren vom Reichskanzler zu ernennende Beamte, welche Richterqualität besitzen.*) Die Stelle des Anklägers vertritt ein vom Gouverneur zu ernennender Kolonialbeamter.

§ 40. In gleicher Weise werden auch im Ansiedelungsgebiete zwei Arten von Strafgerichten zur Aburteilung der von entlassenen Sträflingen verübten Verbrechen und Vergehen gebildet. Doch werden bei diesen Gerichten nur Zivilpersonen, insbesondere auch geeignete Strafkolonisten, als Beisitzer verwendet.

§ 41. Als Berufungsgericht wird eine Gerichtsbehörde zweiter Instanz am Sitze des Gouverneurs errichtet, welche aus dem vom Reichskanzler zur Ausübung der Gerichtsbarkeit zweiter Instanz ermächtigten Beamten als Vorsitzenden und vier Beisitzern besteht.**)

b. Verfahren.

§ 42. Das Verfahren wird dem der Deutschen Strafprozessordnung nachgebildet.

§ 43. In denjenigen Strafsachen, welche zur Zuständigkeit der grossen Strafgerichte gehören, muss eine Voruntersuchung stattfinden.

§ 44. Zu jeder dem Angeklagten nachteiligen Entscheidung, welche die Schuldfrage betrifft, ist eine Mehrheit von zwei Dritteilen der Stimmen erforderlich, sonst genügt einfache Stimmenmehrheit.

Ein Todesurteil bedarf der Bestätigung des Gouverneurs.

§ 45. Gegen die Urteile der grossen Strafgerichte steht dem Verurteilten die Berufung zu.

---

*) Zur Zeit könnten auch die Rechtsbeistände des Kaiserlichen Landeshauptmanns von Südwestafrika hierzu verwendet werden. Vgl. v. Stengel die Deutschen Schutzgebiete ꝛc. in Hirths Annalen des Deutschen Reichs 1895. S. 680.

**) Analog den Bestimmungen des § 4 der Verordnung, betreffend die Rechtsverhältnisse in dem südwestafrikanischen Schutzgebiet vom 10. August 1890. (Reichsgesetzblatt 1890. S. 171.)

C.
Anlagen.

An die beiden vorstehenden Entwürfe, welche die gesetzliche Einführung der Deportation im Deutschen Reiche zum Gegenstande haben, mögen sich zum Zwecke der allgemeinen Begründung noch die nachfolgenden Anlagen anschließen, nämlich das bereits im Vorwort erwähnte Gutachten, welches ich für die diesjährige allgemeine Versammlung der Internationalen kriminalistischen Vereinigung zu Lissabon*) ausgearbeitet habe (Anlage I) und ferner ein Paar Aufsätze, welche ich aus Anlaß zweier Angriffe gegen mein Projekt in der Kreuz-Zeitung in diesem Jahre veröffentlicht habe. (Anlagen II u. III.)

Anlage I.
Gutachten über die Aufgabe der Deportation unter den gegenwärtigen Verhältnissen.

Seitdem Leveillé und Galkin Wraffki, die ersten der jetzt lebenden Sachverständigen in der Deportationsfrage, auf dem V. Internationalen Gefängniskongreß zu Paris sich mit großer Entschiedenheit zu Gunsten der Deportation ausgesprochen haben, und seitdem der Referent in den Jahren 1894 und 1896 seine beiden Broschüren: „Fort mit den Zuchthäusern!" und „Neu-Deutschland und seine Pioniere" veröffentlicht hat, durch welche die Deportationsfrage auch in Deutschland in Fluß gekommen ist**),

---

*) Abgedruckt in den Mitteilungen dieser Vereinigung Bd. 6, S. 302 ff.
**) Aus Anlaß unserer Broschüre „Fort mit den Zuchthäusern!" veröffentlichten über die Deportationsfrage die Professoren Bennecke (Breslau) und Frank (Gießen) im Jahre 1895 zwei Vorträge, welche sie in den Gefängnis-Vereinen für Schlesien, bezw. für die Provinz Sachsen gehalten haben, desgleichen Regierungsrat Freund einen Aufsatz im Septemberheft (1895) der Preußischen Jahrbücher, Prof. Frhr. v. Stengel einen solchen in der Wissenschaftlichen Beilage der Münchener Allgemeinen Zeitung (1896, Nr. 154, 155, 157), Prof. Bornhak ein Gutachten über Deportation für den XXIV. Deutschen Juristentag (1897), endlich Pfarrer Reuß eine Abhandlung, die Deportation von Verbrechern nach unsern Kolonieen (Frankfurt a. M. 1897.)

läßt sich in der Behandlung der Frage insofern ein Fortschritt verzeichnen, als gegenwärtig nur noch ganz vereinzelt die Berechtigung der Deportation vom prinzipiellen Standpunkte aus bestritten wird; man bekämpft das Projekt jetzt nur noch aus technischen Gründen. Auf diese Weise ist die Frage endlich dem Gebiete der Phrase entrückt und in das einer mehr sachlichen Diskussion getreten. Es fragt sich nicht mehr: „Dürfen wir", sondern „Können wir unsere Sträflinge nach unsern Kolonieen deportieren?" Und auf der Tagesordnung der diesjährigen allgemeinen Versammlung der Internationalen Kriminalistischen Vereinigung steht bereits die Frage: „welche Aufgabe der Deportation unter den gegenwärtigen Verhältnissen zukommt".

Hierauf ist zu antworten: Die Deportation hat für alle Kulturvölker unter den gegenwärtigen Verhältnissen in erster Linie eine kriminalpolitische Aufgabe zu erfüllen. Sie kann aber auch in kolonial- und sozialpolitischer Hinsicht von größter Bedeutung werden.

I. In kriminalpolitischer Hinsicht:

Ein rationelles Strafmittel muß so beschaffen sein, daß es
1. den Staat resp. die Gesellschaft gegen den Verbrecher sichert,
2. diejenigen, welche Verbrechen planen, von deren Begehung abschreckt und 3. auf den Verbrecher erziehend einwirkt.

Die Freiheitsstrafen entsprechen diesen Anforderungen durchaus nicht, ja man kann ohne Uebertreibung sagen: das herrschende System der Freiheitsstrafen hat völlig bankerott gemacht. Dies ergeben unwiderleglich die Rückfallsstatistiken aller Kulturländer*). Der Grund für dieses traurige Ergebnis liegt in den klar zu Tage tretenden Mängeln der Freiheitsstrafen.

Besonders die langjährigen und entehrenden Freiheitsstrafen leiden an dem unheilbaren Gebrechen, daß sie den

---

*) Vgl. Bruck, „Fort mit den Zuchthäusern!" S. 7 und den bisher unwiderlegten Satz Leveillés: „Von allen Strafsystemen: Bagno, Gefängnis, Deportation, habe sich die Deportation am besten bewährt; von den aus dem Bagno Entlassenen seien 95 von 100, von den aus dem Gefängnis Entlassenen 50 von 100, von den Deportierten nur 5 von 100 rückfällig geworden. Von Frauen oder Kindern der Strafkolonisten seien überhaupt keine Verbrechen in den Kolonieen begangen worden". Diese Zahlenangaben bestätigte der ehemalige procureur de la République à la Guyane, Pierret, auf dem Pariser Kongreß, Bulletin du V. Congr. pénitentiaire international No. 7, pag. 2.

aus der Strafhaft Entlassenen regelmäßig an seinem Fortkommen hindern. Der entlassene Zuchthäusler vermag sich bei dem Arbeitgeber nicht gehörig zu legitimieren, und glückt es ihm, Unterkommen und Arbeit zu finden, so wird er, wenn seine Vergangenheit ruchbar wird, unbarmherzig entlassen; denn das Vorurteil gegen einen aus dem Zuchthause Entlassenen ist, so bedauerlich es auch sein mag, ein allgemeines. Es besteht beim Arbeitgeber, sowie bei den unbescholtenen Arbeitsgenossen.

Ein andrer nicht genug gewürdigter Mangel langdauernder Freiheitsstrafen ist die durch die Haft hervorgerufene Stumpfheit. Das ist der Fluch aller langzeitigen Freiheitsstrafen, daß sie den Sträfling, für welchen eine Reihe von Jahren von Staats wegen gesorgt worden ist, unfähig machen, sich aus eigener Kraft eine Existenz zu gründen. Durch die unnatürliche Beschränkung seiner persönlichen Freiheit hat er aber nicht nur verlernt, auf eigenen Füßen zu stehen, er ist auch in der Regel durch die langdauernde Haft zu andauernder Arbeit körperlich und geistig unbrauchbar geworden.

Zu diesen schwerwiegenden Gebrechen unserer Freiheitsstrafen tritt noch der nicht zu unterschätzende Nachteil, daß die Sträflinge in unsern Strafanstalten der ehrlichen Arbeit Konkurrenz machen müssen, wenn sie nicht aus Mangel an Arbeitsgelegenheit mit nutzlosen Arbeiten beschäftigt werden sollen.

Dagegen entspricht die Deportationsstrafe bei sachgemäßer Handhabung allen Anforderungen, die man billigerweise an ein rationelles Strafmittel stellen kann. Sicher ist sie allen andern Strafmitteln der Gegenwart, besonders den Freiheitsstrafen überlegen*); denn

1. bewirkt die Deportation durch die dauernde Entfernung des Verbrechers aus dem Vaterlande absolute Sicherheit gegen Verübung neuer die Gesellschaft, resp. den Staat schädigender Delikte. Bei der Freiheitsstrafe entfällt diese unbedingte Sicherheit,

---

*) Ein grundlegendes Werk über Deportation verdanken wir von Holtzendorff: Die Deportation als Strafmittel in alter und neuer Zeit, 1859. Reiche Ausbeute gewähren ferner: Leroy-Beaulieu, De la colonisation chez les peuples modernes (4. Aufl.) 1891. A. Girault, Principes de colonisation et de législation coloniale 1895. H. Cor, De la transportation 1895 und Foinitzky, La transportation russe et anglaise, avec une étude historique sur la transportation 1895.

weil der entlassene Sträfling sofort wieder in die Gesellschaft eintritt, die er verletzt hat;

2. wirkt die Deportationsstrafe aber auch in hohem Grade **abschreckend**; denn der Strafzwang, welcher in dem ersten Stadium dieser Strafe, während der sogenannten Strafknechtschaft, auch äußerlich vollkommen zum Ausdruck gelangt, kann bei sachgemäßer Einrichtung für den Sträfling ein Strafleiden von mindestens derselben Schwere darstellen, wie die Zwangsarbeit im Zuchthause;

3. bewirkt die Deportationsstrafe bei sachgemäßer Einrichtung die **Besserung**, richtiger die **Erziehung** des Sträflings, weil sie ihm die Aussicht gewährt, daß er durch gute Führung während der Straf- und Uebergangszeit zu ökonomischer Selbständigkeit und bürgerlicher Gleichstellung zu gelangen im Stande ist. Diese tröstliche Aussicht weckt die darnieder liegenden sittlichen Triebe selbst in einem gesunkenen Menschen. Sie ist überhaupt das einzige und ausschließliche Moment der Besserung, welches auf den Sträfling zu wirken vermag.

Dazu kommt, daß der Strafvollzug, so hart er auch sein mag, den Sträfling für seinen zukünftigen Erwerb nicht untauglich, sondern nur geeigneter macht. Die Beschäftigung mit ländlichen Arbeiten bildet in der Periode der Strafknechtschaft die Regel. Sie wirkt schon an sich auf Seele und Leib kräftigender, als die Arbeit innerhalb dumpfer Gefängnißmauern.

II. **In kolonialpolitischer Hinsicht:**

Durch die Einführung der Deportationsstrafe im großen Stile erspart sich der Staat die ungeheuren Ausgaben, welche ihm jetzt die Errichtung neuer, resp. die Umbauung alter Strafanstalten und die Ernährung der Bevölkerung jener Anstalten verursacht.

Diese Summen können zum größten Nutzen des Mutterlandes in dessen Kolonieen verwertet werden. Hier handelt es sich nicht um eine Beschäftigung der Sträflinge mit Arbeiten, die an sich nicht nötig sind und nur des Strafzweckes halber dem Sträflinge auferlegt werden, sondern um wahrhaft nutzbringende Arbeiten[*]. In den Kolonieen hat jede Arbeitskraft einen hohen Wert, und so wird der Verbrecher zugleich das

---

[*] In den Kolonieen fehlt es an Händen, und im Mutterlande werden die Kräfte vergeudet.

Mittel, um die an sich sehr kostspieligen Kolonieen gewinnbringend zu machen. Gerade die Vermehrung intelligenter Arbeitskräfte ist für solche überseeische Besitzungen eine Lebensfrage, in welchen der Kolonisationszweck durch freie Einwanderung nicht erreicht werden kann. Die Deportierten sind hier nicht nur nutzbringende Arbeitskräfte während der Strafverbüßung im Dienste des Mutterlandes, sondern sie bilden auch nach ihrer Entlassung den Kern der zukünftigen Ansiedelung. Dann aber besteht der Vorteil in den von den Deportierten geleisteten öffentlichen Arbeiten und in dem durch die Kulturarbeit der Sträflinge gesteigerten Gesammtwerte des Koloniallandes. Endlich, was das wichtigste ist, in der Strafkolonie, bezw. in den Ansiedelungsgebieten, eröffnen sich neue Absatzgebiete für die heimische Industrie.

III. In sozialpolitischer Hinsicht wird die Deportationsstrafe besonders von denjenigen Staaten in hervorragender Weise in Betracht zu ziehen sein, die, wie z. B. Deutschland und in gewisser Beziehung auch England und Italien, an Uebervölkerung leiden; denn bei diesen Völkern ist die Hauptquelle der meisten Verbrechen die Not, entstanden aus der Schwierigkeit der Erwerbsverhältnisse. Sie treibt alljährlich Tausende von Volksgenossen, und nicht die schlechtesten, für die ihr Vaterland zu eng ist, übers Meer, wo sie sich in der neuen Heimat mit der äußersten Anspannung aller Kräfte ein menschenwürdiges Dasein gründen.

Die Unglücklichen aber, denen die Mittel fehlen, ihr unbarmherziges Geschick zu ändern, die bereits durch die Not entkräftet, entmutigt und demoralisiert sind, sie sind die Vorfrucht unserer Zuchthäuser.

Die Not ist die Hauptursache ihrer schlechten Erziehung und der sich daran knüpfenden moralischen Verkommenheit, welche schließlich zum Verbrechen führen muß. Können alle diese Elemente im Vaterlande nicht mit lohnender Arbeit versehen werden, so kann wenigstens denjenigen, welche wegen Arbeitsscheu wiederholt im Arbeitshause detiniert waren, oder die durch Begehung von Eigentumsdelikten bereits ihre Unfähigkeit, sich selber zu ernähren, bewiesen haben, ferner denjenigen, welche wiederholt durch ihr exzessives Verhalten die Kulturgemeinschaft gestört haben und deshalb dem Strafrichter verfallen sind, die Möglichkeit gewährt werden, ihre Kräfte in einer für ihr eigenes und das Wohl des Vaterlandes geeigneten Weise zu verwerten. Der Staat muß diese Unglücklichen zwangsweise in eine solche Lage verfetzen, in welche energische Naturen sich aus eigener Kraft zu retten vermochten, bevor es zu spät war. So wie die freie Auswanderung in dünnbevölkerte Länder die einzige Rettung für das überschüssige Menschenmaterial übervölkerter Länder ist, so ist die Deportation das notwendige Ventil, durch welches jene Länder von verbrecherischen Elementen befreit werden.

Wie hier gezeigt worden, läßt sich die Frage, welche Aufgabe die Deportation unter den gegenwärtigen Verhältnissen zu lösen vermag, nicht allgemein beantworten, weil die praktische Verwendung der Deportation als Strafmittel nur mit Bezug auf ein bestimmtes Land beantwortet werden kann. Nicht nur der Besitz irgend einer beliebigen Kolonie ist die Voraussetzung der Deportation, sondern der Besitz einer Kolonie, die sich sowohl in klimatischer, als auch in wirtschaftlicher Hinsicht zur Anlage einer Strafkolonie für Sträflinge einer bestimmten Nation eignet; denn wenn es sich bei der Deportation auch nur um Abschiebung von Verbrechern handelt, so müssen doch dieselben Bedingungen für ihr körperliches Wohlbefinden vorhanden sein, wie solche für freie Einwanderer erforderlich sind. Deßhalb darf das Land weder ungesund noch so steril sein, daß sich seine Anbauung nicht lohnt.

Sind aber die erwähnten Voraussetzungen vorhanden, so kann die Frage, ob sich die Deportation als Strafmittel für die Gegenwart empfiehlt, wie oben geschehen, unbedingt bejaht werden.

Anlage II.

Entgegnung auf den Vorschlag des Professors Bornhak, die Deportation im Verwaltungswege einzuführen.

In einem Gutachten für den diesjährigen Deutschen Juristentag hat sich Herr Professor Bornhak zu Gunsten des von mir empfohlenen Deportationsprojektes ausgesprochen. Es ist für mich sehr erfreulich, daß er bei dieser Gelegenheit sich durchweg meine Begründung angeeignet hat, sowohl was die Nachteile des herrschenden Systems der langjährigen Freiheitsstrafen, als auch was die Vorteile der Einführung der Deportation nach unsern Kolonieen, insbesondere nach Deutsch-Südwestafrika, anlangt. Wenn nun aber Bornhak (Gutachten S. 162) ebenso, wie dies bereits Freund in den „Preußischen Jahrbüchern" (Jahrg. 1895) gethan, zum Zwecke der Durchführung der Deportation Errichtung von überseeischen Strafanstalten vorschlägt, während ich die Sträflinge in den Kolonieen zur Verbüßung ihrer Strafe auf Reichs-Straffarmen arbeiten lassen will, so ist hierauf kein besonderes Gewicht zu legen, da es sich nur um eine andere Ausdrucksweise für dieselbe Sache handelt. Sieht man genauer zu, so deckt sich Bornhaks bezw. Freunds Vorschlag völlig mit dem von mir gemachten; denn die überseeischen Strafanstalten jener Herren sind nicht Zuchthäuser in unserem Sinne. Das wäre ja auch eine unglaubliche Vergeudung unserer Reichseinnahmen, da es sich alsdann nur um eine Verlegung unserer Sträflinge aus unseren kostspieligen inländischen Zuchthaus-Palästen, die wir bereits besitzen, in solche handeln würde, die wir erst in den Kolonieen mit schwerem Gelde für die zu deportierenden Sträflinge wieder erbauen müßten. Daran denkt auch weder Freund noch Bornhak. Beide wollen, wie ich das bereits vorgeschlagen habe, nur Unterkunftsräume

(Baracken) für die Deportierten errichten, deren Hauptthätigkeit sie sich, ebenso wie ich, in Vorarbeiten zu Zwecken der wirtschaftlichen Erschließung des Kolonialgebietes bestehend denken.

Der eigentliche Grund, weshalb Bornhak von der Errichtung von Zuchthäusern in unseren Kolonieen spricht, liegt darin, daß er glaubt, auf diese Weise, „ohne die Klinke der Gesetzgebung in die Hand zu nehmen" (Gutachten S. 158), die Deportationsstrafe lediglich im Wege der Verwaltung durchführen zu können; denn, meint er, darauf komme es weiter nicht an, wo die Deportationsstrafe vollstreckt werde, wenn sie nur nach Inhalt und Wirkung der im Deutschen Strafgesetzbuche festgesetzten Zuchthausstrafe gleicht.

Darin befindet sich aber Bornhak im Irrtum, und dies nachzuweisen ist der Zweck dieser Zeilen. Deportations- und Zuchthausstrafe sind nicht identisch, sie sind verschiedene Strafarten; man kann sie nur mit Gewalt unter ein und denselben Begriff bringen. Das ist aber, weil der Absicht des Gesetzgebers zuwiderlaufend, durchaus unzulässig.

Unter Zuchthaus versteht unser Strafgesetzbuch die Einschließung des Sträflings in eine inländische Strafanstalt, verbunden mit dem Zwange zu den in dieser Anstalt eingeführten Arbeiten. Wenigstens bildet die Freiheitsentziehung und die Zwangsarbeit in dieser Anstalt die Regel.

Unter Deportation dagegen versteht man allgemein die zwangsweise Fortschaffung des Sträflings nach einem überseeischen Platze zum Zwecke der Abbüßung der Strafe, und zwar besteht diese Strafe in schwerer Kolonialarbeit entweder auf längere Zeit oder gar auf Lebenszeit mit Ansiedelungszwang in der Kolonie.

Das Strafleiden ist bei der Deportation ein dreifaches. Es besteht 1. in dem Akte der zwangsweisen Fortschaffung aus der Heimat in ein überseeisches Gebiet, 2. in der Festhaltung in demselben während der Strafzeit und 3. in der durch die kolonialen Bedürfnisse geforderten schweren Arbeit. Diese Arbeit bildet die Regel.

Bornhak unterschätzt diesen Inhalt. Das seelische Leid, welches die Fortschaffung und die dauernde Trennung von der Heimat verursacht, sind Momente, welche der Deportationsstrafe eigentümlich sind, und die sich durch keine noch so ausgeklügelte Strenge beim Vollzuge der Freiheitsstrafen ersetzen lassen. Schon in der Regierungszeit Karls II. von England wurde gerade aus diesem Grunde die Deportation für so hart angesehen, daß sie bei todeswürdigen Verbrechen sogar neben der gesetzlich zulässigen Lebensstrafe zugelassen wurde (1678 und 1682 Charles II. c. 3. 22. Charles 2 c. 5). Von dieser Zeit an erhielt die Deportation die Rangstufe als nächst der Todesstrafe schwerstes Strafmittel (secondary punishment), in welcher Rolle sie sich bis zu ihrer endlichen Aufhebung erhalten hat*).

Die Hoffnung, doch wieder einmal zu den Seinen zurückzukehren, beseelt bei Verhängung der langwierigsten Freiheitsstrafe selbst den gemeinsten Verbrecher und hält ihn auch während der Haft aufrecht, und thatsächlich wird auch den Zuchthausfträflingen gestattet, während der Strafzeit an bestimmten Tagen die Ihrigen wiederzusehen.

Richtig ist ja, daß nach dem Deutschen St.=G.=B. die Zuchthaus= sträflinge auch zu Arbeiten außerhalb der Anstalt verwendet werden dürfen. Allein diese Arbeiten im kultivierten Inlande lassen sich keineswegs ohne weiteres mit den schweren Arbeiten vergleichen, welche die Urbarmachung und die Vorarbeiten zur wirtschaftlichen Erschließung eines wüsten Landes erfordern.

Zudem wird doch Bornhak nicht bestreiten, daß die Außenarbeit der Zuchthäusler vom Gesetzgeber nur als Ausnahme gedacht ist und auch thatsächlich nur als solche zugelassen wird. Ging doch zur Zeit des Erlasses des Deutschen Strafgesetzbuches die Anschauung der angesehensten Gefängnispraktiker und Kriminalisten im allgemeinen dahin, daß nur durch Einzelhaft der Besserungszweck der Strafe erreicht werden könne, und selbst heute noch hat diese Ansicht in den genannten Kreisen namhafte Vertreter.

So viel steht fest, daß bisher außer Bornhak noch niemand daran gezweifelt hat, daß Zuchthaus= und Deportationsstrafe verschiedene Strafarten sind.

Es ist aber ein uralter, allen Juristen geläufiger, auch im Deutschen Strafgesetzbuche anerkannter Satz, daß nur solche Strafen angewendet werden dürfen, welche durch Gesetz anerkannt sind (nulla poena sine lege).

Zur Zeit der Emanation des Deutschen St.=G.= Bs. hatte der Gesetzgeber an das Strafmittel der Deportation überhaupt nicht gedacht. Er ging vielmehr davon aus, daß die Vollstreckung aller richterlich erkannten Freiheitsstrafen nur im Inlande zu erfolgen habe. Soll nun an Stelle gewisser Freiheitsstrafen die Deportation in überseeische Gebiete treten, so kann dies nur im Wege der Gesetzgebung geschehen. Und dieses Vorgehen entspricht auch allein —

---
*) Vgl. Holtzendorff, Deport. S. 603.

ganz abgesehen von den angeführten triftigen Gründen — der Bedeutung der von uns vorgeschlagenen großen Reform, die für Preußen und sämmtliche Deutsche Bundesstaaten nichts weniger bedeutet als einen Bruch mit dem bestehenden Strafensystem.

Die juristisch unhaltbare Ansicht Bornhaks, die Deportation im Wege der Verwaltung durchzuführen, wird aber auch der rationellen Ausgestaltung der Deportation, wie solche in ihrem Wesen begründet liegt, verhängnisvoll. Bornhak muß selbst zugeben, daß die Deportationsstrafe nur dann einen Erfolg verspricht, wenn sie einen längeren Zeitraum dauert. Er verzichtet daher von vornherein auf die Deportation „solcher Insassen der Zuchthäuser oder Gefangenanstalten, die kürzere als dreijährige Freiheitsstrafen zu verbüßen haben (Gutachten S. 162)". Gerade diese Kategorie von Sträflingen umfaßt aber die besten Kräfte für die Deportation. Zu ihr gehören insbesondere die jugendlichen Gewohnheitsverbrecher im Alter von 16—18 Jahren, die für die Deportation am geeignetsten, weil noch am bildungs- und akklimatifationsfähigsten sind*). Dann aber umfaßt diese Kategorie das ungeheure Heer der Friedensbrecher, welche wegen Verübung von Roheits- und Eigentumsdelikten und wegen Arbeitsscheu wiederholt bestraft worden sind. Betrug doch nach Koehne**) die Zahl der gewerbsmäßigen Bettler und Vagabunden

---

*) Nach der Kriminal-Statistik des Deutschen Reichs pro 1889 betrug die Zahl der Verurteilten im Alter von 15—18 Jahren:

	wegen einfachen Diebstahls und einf. Diebst. im wiederholten Rückfalle			wegen schweren Diebstahls und schw. Diebst. im wiederholten Rückfalle	
im Jahre	männlich	weiblich	im Jahre	männlich	weiblich
1883	6140	2761	1883	1166	109
1884	6099	2800	1884	1248	191
1885	5847	2596	1885	1274	188
1886	6044	2679	1886	1201	160
1887	5952	2610	1887	1232	162
1888	5952	2675	1888	1285	166
1889	6648	2955	1889	1476	186

Die Zahl der verurteilten Jugendlichen überhaupt betrug im Jahre 1882 30719, im Jahre 1892 46496, hat also während dieses Zeitraums um 15777 d. h. um mehr als die Hälfte (51,4 Prozent) der Zahl von 1882 zugenommen. Wenn auch die jugendliche Zivilbevölkerung um nahe eine Million zugenommen hat, so stellt sich doch das Verhältnis zu Ungunsten der jugendlichen Verurteilten; denn im Durchschnitt der Jahre 1882 bis 1885 kam ein verurteilter Jugendlicher auf 179, im Jahre 1892 auf 137 jugendliche Personen.

**) v. Liszt'sche Zeitschrift f. die ges. Rechtswissenschaft. IX. 287.

im Deutschen Reich im Jahre 1883 mindestens 100000, und heute soll sie bereits 200000 betragen (vgl. Delbrück, Preuß. Jahrbücher Jahrg. 1897, S. 81). Unter den hier genannten Kategorieen befindet sich eine große Zahl von Leuten, die erheblich geringere als dreijährige Freiheitsstrafen zu verbüßen und die noch nicht das dreißigste Lebensjahr überschritten haben. Sie bilden, weil in der Regel noch widerstandsfähiger als die ergrauten Zuchthausinsassen, das beste Material für die Deportation, die hier nur deshalb unterbleiben müßte, weil die kurze Freiheitsstrafe die Deportation nicht lohnt.

Die Deportationsstrafe setzt aber, wenn sie ihre heilsame Wirkung erfüllen soll, überhaupt eine bedeutend längere als dreijährige Dauer voraus; sie muß mindestens sieben Jahre dauern. Soviel beträgt sie im Minimum in allen deportierenden Staaten. Diese Dauer erreichen aber die von deutschen Gerichten verhängten Freiheitsstrafen nur äußerst selten. Nach der Kriminalstatistik des Deutschen Reiches vom Jahre 1893 wurden von 11232 zu Zuchthaus Verurteilten nur 1445 mit mehr als 5 Jahren und von 254181 zu Gefängnis Verurteilten nur 3141 zu zwei bis fünf Jahren verurteilt, und unter diesen befinden sich gerade solche Rückfällige, die bereits durch wiederholte Verbüßung von Freiheitsstrafen für die Deportation unbrauchbar geworden sind.

Endlich muß Bornhak bezüglich der zu Gefängnis Verurteilten selbst zugeben, daß diese im Falle ihrer Deportation nach Lage der bestehenden Gesetzgebung nur mit ihrer Zustimmung zur Außenarbeit verwendet werden dürfen. Alsdann würde die zweckmäßigste Beschäftigungsart — man denke nur an die Anlage von Wegen, Eisenbahnen, Berieselungs-Anlagen, Urbarmachung u. s. w. — lediglich von der Willkür der Deportierten abhängen.

Damit glaube ich bewiesen zu haben, daß auch nach Bornhaks Vorschlag, selbst wenn er sich als juristisch haltbar erwiese, im Rahmen der bestehenden Gesetzgebung sich nur ein winziger Bruchteil der Bevölkerung unserer Strafanstalten deportieren ließe.

Soll aber die Deportationsstrafe in dem Umfange wirksam werden, wie es dieses rationellste aller Strafmittel ermöglicht, soll sie, wie wir wünschen und hoffen, zu einer segensreichen sozialpolitischen Institution heranwachsen, so müssen wir sie mindestens ebenbürtig den Freiheitsstrafen an die Seite stellen, d. h. sie gesetzlich fixieren und sie nicht nur deshalb verkümmern lassen, weil sie sich nicht in einen Gesetzesrahmen hineinzwängen läßt, der für sie nicht zugeschnitten ist. Durch ein solches Vorgehen würde nichts gewonnen und nichts bewiesen.

Anlage III.

Entgegnung auf den Angriff des Grafen Joachim v. Pfeil, betreffend die Frage der Brauchbarkeit von Deutsch-Südwestafrika zur Ansiedelung von Deportierten.

In einem „Betrachtungen über die Anlegung einer Strafkolonie in Südwestafrika"*) überschriebenen Aufsatz hat Herr Joachim Graf Pfeil sich unumwunden für die von mir empfohlene Deportation deutscher Sträflinge nach Deutsch-Südwestafrika zum Zwecke der Ausführung öffentlicher Arbeiten (insbesondere von Hafenarbeiten, Eisenbahnbauten, und zur Anlage der für die wirtschaftliche Erschließung von Südwestafrika unumgänglich notwendigen Berieselung) erklärt. Er fügt noch hinzu, „daß solche Arbeiten von Europäern weit besser ausgeführt werden würden, als von den beitangelernten afrikanischen Arbeitern" (a. a. O. S. 280). Nur in einem Punkte ist er anderer Meinung als ich, nämlich in dem Punkte der Ansiedelung der Deportierten in Südwestafrika. Aber auch in dieser Beziehung erklärt Graf Pfeil ausdrücklich, daß er kein prinzipieller Gegner der Ansiedlung sei. Im Gegenteil behält er sich sogar vor, die Frage: „wie und wo Sträflinge mit Erfolg angesiedelt werden könnten, und wo durch eine derartige Ansiedelung beide den Nutzen der Deportation ausmachenden Gesichtspunkte, Entlastung des Mutterlandes und Entwickelung der Kolonie, erreicht werden könnten," später zu beantworten.**)

Alles wird konzediert. Nur die dauernde Ansiedlung von Sträflingen soll um Himmelswillen von Deutsch-Südwestafrika ferngehalten werden.

In dieser Richtung ließen sich schon früher einige Stimmen aus kolonialen Kreisen vernehmen, wobei man aber bei der Kolonial-Interessenten von denen der Kolonial-Freunde unterscheiden kann.

---
*) Koloniales Jahrbuch, Bd. 9, S. 261 ff.
**) Vgl. den Nachtrag am Schluß dieses Abschnittes.

Die Interessenten, welche mit ihrem Kapital an den großen Erwerbs=
gesellschaften in Deutsch=Südwestafrika beteiligt sind, sind Boden=
spekulanten; sie fürchten durch die Ansiedelung von Verbrechern
könnten wohlhabende freie Einwanderer zurückgeschreckt und dadurch
die Rentabilität ihrer Unternehmungen geschädigt werden. Einige
Kolonialfreunde sind gegen die Ansiedelung, weil sie Deutsch=Südwest=
afrika für zu gut halten, um Sträflinge daselbst anzusiedeln.
Dieses wegen seines vorzüglichen Klimas für Deutsche sehr ge=
eignete Land soll ausschließlich für die freie Einwanderung reserviert
bleiben.

Um nun der drohenden Gefahr einer Invasion deutscher Sträf=
linge nach Kräften zu begegnen, werden von beiden Kategorieen alle
erdenklichen Einwände speziell gegen das von mir empfohlene De=
portationsprojekt erhoben. Wenn nun ein solcher Einwand von einem
Manne ausgeht, der sich in Afrika aufgehalten hat, so wird er alsbald von
demjenigen Teile der Tagespresse, die dem Deportationsprojekt ent=
weder aus den soeben gekennzeichneten Gründen oder aus andern
politischen bez. Parteirücksichten — für gewisse Parteien ist alles
verdammenswert, was überhaupt mit kolonialen Bestrebungen in Zu=
sammenhang gebracht werden kann — abhold ist, als eine von
einem Fachmanne ausgehende unumstößliche Wahrheit dem großen
Publikum vorgeführt und dabei auf dessen Kritiklosigkeit und Un=
kenntniß der thatsächlichen Verhältnisse spekuliert. Auf diese Weise
vermag wohl die öffentliche Meinung eine Zeit lang in nachteiliger
Weise beeinflußt zu werden. Gleichwohl halte ich das von mir
vorgeschlagene Projekt doch für zu gesund, als daß es den
Gegnern malae sive bonae fidei gelingen könnte, es definitiv aus
der Welt zu schaffen.

Ich könnte es mir ja leicht machen und die weitgehenden Zu=
geständnisse des Grafen Pfeil bestens acceptieren und sagen: „Nun
gut, deportieren wir unsere Sträflinge meinetwegen anderswohin als
nach Deutsch=Südwestafrika!" Die Hauptsache bleibt doch nur, daß
unser Projekt irgendwo verwirklicht wird. Aber ich kann mich
hierzu nicht entschließen, weil mich Graf Pfeil durchaus nicht von
der Stichhaltigkeit seiner Einwände überzeugt hat.

Graf Pfeil ist ein vornehmer Gegner, dessen Lauterkeit bei
der in Rede stehenden Frage außer jedem Zweifel steht. Er gehört
ebenso wie Frhr. Josef v. Bülow und Graf Schweidnitz zu der
Kategorie der oben gekennzeichneten Kolonialfreunde. Ich gebe auch
zu, daß Graf Pfeil auf Grund seiner südafrikanischen Erfahrungen

mehr als andere berufen ist, in der Deportationsfrage ein Wort mitzureden. Aber ich bin ebenso überzeugt, daß Graf Pfeil nicht die Meinung gewisser Preßorgane teilt, welche sich beeilt haben, auf Grund seines Aufsatzes das Deportations-Projekt dem Publikum schon als definitiv gescheitert darzustellen.

Ich will nun die Haupteinwände einer Prüfung unterziehen.

Graf Pfeil behauptet, in Deutsch-Südwestafrika sei mein Projekt deßhalb nicht durchführbar, weil zur Anlage einer Straffarm für Deportierte und zur Beschaffung eines mit dieser Farm zusammenhängenden Ansiedelungs-Terrains für entlassene Sträflinge in diesem Lande der Raum fehle. Diese Behauptung trifft schon deshalb gar nicht mein Projekt, weil ich nicht im entferntesten ein so großes zusammenhängendes Areal beansprucht habe, wie Graf Pfeil ein solches für notwendig hält. Graf Pfeil sagt:

„Um die Größe der beiden Distrikte (der Straffarm und des Freilandes) annähernd bestimmen zu können, nehmen wir an, daß im Laufe des Jahres etwa 10000 Verbrecher nach Südwestafrika geschickt werden sollen. Diese Zahl ist nach Prof. Bruck nicht zu hoch gegriffen, denn er will das Mutterland entlasten, was aber nur geschieht, wenn die Zahl der Deportierten der Gesammtmasse der Verbrecher gegenüber ins Gewicht fällt. Auch steht die Zahl weit hinter der zurück, die Australien aufzunehmen hatte, wohin in den ersten Jahren der Deportation gegen 4000 Verbrecher geschickt wurden. Um diese Zahl Menschen mit Kultivationsarbeit beschäftigen zu können, muß ihnen ein Areal von mindestens 20 Morgen pro Mann zugewiesen werden, mithin müßte die Straffarm ein Areal von 200000 Morgen umfassen. Nehmen wir an, daß 5000 Sträflinge der Vergünstigung teilhaftig würden, sich ansiedeln zu dürfen, und jeder erhielte nach dem Vorschlage Prof. Brucks 40 Hektar, so wäre ein zweites Areal von 400000 Morgen erforderlich".

Bei dieser Aufstellung übersieht Graf Pfeil, daß ich nirgends in meinen Abhandlungen („Fort mit den Zuchthäusern!" und „Neu-Deutschland und seine Pioniere") zum Zwecke des Strafvollzuges von der Anlage einer einzigen Straffarm und von einer Besetzung derselben mit der ungeheuren Zahl von 10000 Verbrechern gesprochen habe. Als ehemaliger Landwirt bin ich doch zu praktisch, um eine solche unausführbare Idee auch nur zu fassen. Ich würde dieses Monstrum von Farm für eine der unglücklichsten Schöpfungen der Welt halten.

In meiner Abhandlung: „Neu-Deutschland und seine Pioniere"
(S. 53) sage ich: „Wenn nicht Mißerfolge unausbleiblich sein sollen,
so müßte vorerst eine nicht zu große Zahl körperlich gesunder Verbrecher deportiert werden. Diese hätten an verschiedenen Orten
des Schutzgebietes durch Anlage von Reichsstraffarmen erst
die Lebensbedingungen für eine größere Zahl deportations-
reifer Sträflinge zu schaffen. Alsdann mögen verhältnis-
mäßige Nachschübe stattfinden. Die Neuankommenden werden zum
Zwecke ihrer Strafverbüßung je nach Bedürfnis auf die verschiedenen
Straffarmen verteilt". Und in „Fort mit den Zuchthäusern!" (S. 18)
heißt es:

„Die Zuschiebung von Verbrechern darf nicht größer
sein, als das lokale Bedürfnis reicht. Würden mehr Verbrecher nach einem bestimmten Deportationsort gesendet, als dort in
einer für das Gedeihen der Kolonie lohnenden Weise beschäftigt werden
können, so ließe sich der Arbeitszwang nicht durchführen. Das
Kolonialamt wird durch Berichte über die ökonomische Lage der De-
portationsorte und die daran geknüpften Anträge ihrer Kolonialbeamten in Bezug auf die Zahl der an bestimmte Orte zu Deportierenden sich leicht vor Mißgriffen schützen können".*)

Daß aber für Farmen, in welchen einige 100 Sträflinge untergebracht werden können, der Raum in Deutsch-Südwestafrika fehlen
sollte, hat Graf Pfeil nicht zu beweisen vermocht. Somit entfällt
dieser Teil des Angriffes, der von anderen thatsächlichen Voraussetzungen ausgeht, als ich solche für mein Projekt aufgestellt habe,
von selbst, und zugleich entfällt eine ganze Reihe von Schwierigkeiten
des Unternehmens, die Graf Pfeil auf Grund dieser Voraussetzungen
konstruiert hat. So insbesondere die angeblichen Schwierigkeiten der
Ernährung und der Beschäftigung der Deportierten (a. a. O.
S. 269, 270)*)

Ebensowenig berührt mich die fernere Behauptung des Grafen
Pfeil, daß ein zusammenhängendes Areal für etwa 5000 entlassene
Sträflinge von mindestens 400000 Morgen (40 Hektare pro Kopf)
in ganz Deutsch-Südwestafrika noch viel weniger aufzutreiben wäre.
Ich habe mich weder über den Umfang dieses Gebietes noch über

---

*) Vgl. ferner a. a. O. S. 58: „Freilich gebietet die Vorsicht, daß
solche Unternehmungen nicht überstürzt werden, daß insbesondere bei der
Gründung von Straffkolonieen nicht eine größere Anzahl von Sträflingen
an den Deportationsort gebracht wird, als dort Beschäftigung und Unterkommen finden können."

die Zahl der Ansiedlergruppen geäußert, noch 40 Hektare für den Kopf geforbert*), sondern alle diese Bestimmungen dem verständigen Ermessen der Verwaltung des Schutzgebietes überlassen.

Der Schluß aber, daß, weil heute in Deutsch-Südwestafrika nicht sofort Tausende unserer Strafgefangenen auf einmal auf einem Fleck angesiedelt werden können, schon deshalb die Deportation nach Deutsch-Südwestafrika überhaupt aufgegeben werden müsse, ist offenbar irrig. Unbewiesen aber ist die fernere Behauptung, daß sich auch in der Folge in ganz Deutsch-Südwestafrika ein zusammenhängendes Gebiet für die Kleinsiedelung, beziehungsweise ein für den Ackerbau geeignetes Areal für mehrere Tausend Sträflinge nicht werde beschaffen lassen. Im Gegenteil bin ich auf Grund der Berichte von Sachverständigen, die längere Zeit an Ort und Stelle eingehende Studien gemacht haben (man vergleiche nur die Berichte von Hindorf und Sander** in den Denkschriften über die Entwickelung der Deutschen Schutzgebiete im Jahre 1894/95 S. 378 ff u. S. 240 ff.) der Ueberzeugung, daß in Deutsch-Südwestafrika bei planmäßiger Durchführung eines rationellen Berieselungssystems im großen Maßstabe schon nach einigen Jahren so viel zusammenhängendes und zum Ackerbau geeignetes Areal vorhanden sein wird, daß die Unterbringung nicht nur von einigen Tausenden von entlassenen Sträflingen, sondern sogar von vielen Tausenden freier Einwanderer keine Schwierigkeit mehr bereiten wird. Hieran ändert auch nichts die an sich richtige, von niemandem bestrittene Thatsache, auf welche Graf

---

*) Gelegentlich der Bekämpfung der von Dove und von v. Bülow vertretenen Ansicht, die Deutsch-Südwestafrika ausschließlich in Riesenfarmen von 40000 Morgen zum Zwecke der Viehzucht aufteilen wollen, habe ich mit Bezug auf die Besiedelung Deutsch-Südwestafrikas mit freien Ansiedlern gesagt: „Sollte man nicht bei mittellosen, aber mit landwirtschaftlichen Arbeiten und Viehzucht vertrauten Leuten, besonders wo das Gelände sich hierzu eignet, zur Begründung von kleineren Wirtschaften, vielleicht von 20 bis 40 Hektaren herabsteigen können?..." (Neu-Deutschland S. 56.)

**) Vgl. auch die Abhandlung von Sander: Ein Vorschlag zur wirtschaftlichen Erschließung Deutsch-Südwestafrikas (Dietrich Reimer 1895), ferner den Artikel des Prof. Wohltmann (Bonn) in der Illustrierten Landwirtschaftlichen Zeitung: „Die deutsche Landwirtschaft und unsere Kolonieen" und den Bericht des Verwaltungsrates der Siedelungsgesellschaft für Deutsch-Südwestafrika für das erste Geschäftsjahr, in welchem sich das Urteil eines Kulturtechnikers findet, der im Auftrage des Syndikats für Bewässerungsanlagen Südwestafrika bereist. Er sagt, daß die Groß-Windhoeker-Ebene günstig gelegenes, tiefgründiges, fruchtbares Ackerland von großer Ausdehnung besitzt ꝛc. ꝛc.

Pfeil hinweist, daß nämlich die Berieselung nicht überall einen lohnenden Ackerbau zur unmittelbaren Folge haben würde, sondern daß erst durch mehrjährige Durcharbeitung des Bodens, Zufuhr von Dünger u. s. w. der bisweilen sterile jungfräuliche Boden Deutsch-Südwestafrikas hierzu vorbereitet werden müsse. Diese Erfahrung ist in sehr vielen Ländern, die mit glänzendem Erfolge der Kultur erschlossen wurden, gemacht worden*); sie hat aber auf die Frage, ob wir im Stande wären, nach und nach einige Tausend Sträflinge anzusiedeln, nicht den geringsten Einfluß. Sagt doch Graf Pfeil selbst (S. 273): „Daß solche Stellen (die durch Berieselung in fruchtbares Ackerland verwandelt werden können) in unserem Gebiet reichlich vorhanden sind, unterliegt gar keinem Zweifel, allein ihr Areal ist im Verhältnis zu der Gesamtoberfläche der Kolonie ein verschwindend kleines". Aber was bedeutet „verschwindend klein" im Verhältnis zu einer Gesamtoberfläche, welche die des Deutschen Reiches um mehr als das Doppelte übersteigt?

Ich kann daher die weitere Behauptung des Grafen Pfeil, daß sich auch bei rationeller Berieselung in ganz Südwestafrika kein Saatplatz beschaffen ließe, an dem gleichzeitig nur hundert Kleinsiedler partizipieren können, nicht ernst nehmen; denn um ein solches Wort gelassen auszusprechen, gehört mehr dazu, als ein paar Reisen in einem Teile Deutsch-Südwestafrikas. Man denke sich nur einen erfahrenen deutschen Landwirt, der auf Grund einer landwirtschaftlichen Studienreise etwa von Ratibor bis Berlin ein allgemeines Urteil über die Agrikulturverhältnisse des gesamten Deutschen Vaterlandes „von der Maas bis an die Memel" etwa über die Bodenbeschaffenheit des Königreichs Baiern oder der Rheinlande geben wollte. So vermag auch das Urteil eines Reisenden über die Besiedelungsfähigkeit und die landwirtschaftliche Verwertbarkeit von ganz Deutsch-Südwestafrika, welches sich dieser aus Eindrücken gebildet hat, die er auf seiner Reise von einem Ochsenwagen aus auf einer immerhin doch nur sehr beschränkten Route (in der Linie von Rietfontein bis Rehoboth) empfangen hat, für die Entscheidung einer so wichtigen Frage, wie die der Ansiedelungsmöglichkeit von Sträflingen in Deutsch-Südwestafrika, noch nicht als ausreichend erachtet zu werden. Gründet

---

*) So z. B. auf dem australischen Kontinent bei Beginn der Kolonisation durch Deportierte (Vgl. v. Holtzendorff, Deportation S. 186 ff.) und ebenso in Nord-Dakota (Vgl. Warncke, Kol.-Ztg. Jahrg. 1897 S. 52): „Künstliche Bewässerung vermittelst artesischer Brunnen und Stauwerke hat die Steppenwüste in ein blühendes Paradies verwandelt".

aber Graf Pfeil sein hartes Urteil über die Natur und die Bodenbeschaffenheit von ganz Deutsch-Südwestafrika auf seine Erfahrungen, die er als Kolonist in dem unserer Kolonie benachbarten Kaplande gesammelt hat, so können sich diese Erfahrungen doch nur bestenfalls auf den südlichen Teil unseres Koloniallandes beziehen, da der Norden desselben gegen den Süden sehr erhebliche Verschiedenheiten aufweist.

So berichtet uns Dr. Esser*), ein ausgezeichneter Kenner unseres südwestafrikanischen Schutzgebietes, welcher die nur durch den Grenzfluß Kunene von unserem Kolonialbesitz getrennten portugiesischen Gebiete von Benguella und Mossamedes zu Studienzwecken bereist hat, daß wir in der Entwickelung gerade dieser Nachbargebiete einen Spiegel für die Zukunft und die Entwickelungsfähigkeit des nördlichen Teiles von Deutsch-Südwestafrika erblicken können.

Esser erklärt auf Grund eingehender Forschungsreisen, „die landläufige Ansicht, daß jene Landstriche des nördlichen Teiles unserer Kolonie sich nicht zur agrarischen Kolonisation eignen, für unbedingt unrichtig. Jene unermeßlichen Gebiete sind ganz gewiß nicht schlechter wie die benachbarten portugiesischen, wo Tausende von Menschen ihr Auskommen finden, ohne kostspielige Brunnen oder Pumpwerke anlegen zu müssen". Und welche Perspektive eröffnet sich erst, wenn durch ein einheitliches Berieselungssystem unser nördliches Gebiet der Agrikultur erschlossen würde, wenn es gelänge, den Kuneneflüß in die Etosapfanne zu leiten. „Es ist nur zu erhoffen", fährt Esser fort, „daß endlich auch der deutsche Unternehmungsgeist auf diese Landstriche geleitet werde. Wenn erst das erste halbe Dutzend Kolonisten seinen und anderer Lebensunterhalt der afrikanischen Ackerkrume abgewinnt, wenn erst ein paar Tausend Rinder und Schafe auch am deutschen Ufer des Kunene zur Tränke gehen, dann wird die Weiterentwickelung von selbst ihren natürlichen Gang gehen; denn hier am Kunene harrt ein dankbarer, fruchtbarer Boden zu seiner Entwickelung nur deutschen Fleißes und deutscher Thatkraft".

Und als ob dieser Berichterstatter es geradezu auf eine Widerlegung des Grafen Pfeil abgesehen hätte, fügt er seinem Berichte noch folgende für uns äußerst wichtige Notiz hinzu: „Die nach

---

*) Kolon. Ztg. v. 27. März 1897. Esser war der erste, welcher auf den Wert des vorzüglichen Hafens in der Tigre-Bai und auf dessen Bedeutung als Schlüssel von Deutsch-Südwestafrika hingewiesen hat.

Tausenden zählenden Deportierten und deren Nachkommen haben dort ganz rationelle landwirtschaftliche Betriebe angelegt . . . Haben sie (die Deportierten) einige Jahre gut gearbeitet, so läßt man sie frei und weist ihnen eine Parzelle Landes an . . . Ich habe eine Menge von Deportierten, darunter selbst Meuchelmörder und frühere Straßenräuber, gesehen und kennen gelernt, welche sich ansässig gemacht und fleißig und glücklich im Kreise ihrer Familie die afrikanische Scholle bearbeiten und stellenweise mit großem Erfolge namentlich der Viehzucht obliegen u. s. w. u. s. w."

Wir können also getrost schon heute mit der Anlage von Straffarmen und mit der Ansiedelung entlassener Sträflinge in Deutsch-Südwestafrika beginnen, nur müssen wir uns in den Grenzen halten, welche die Natur des Landes uns vorzeichnet. Mit der von Jahr zu Jahr fortschreitenden Agrikultur wird dann verhältnismäßig auch die Zahl der Farmen und der Umfang des Ansiedelungsgebietes wachsen*).

Graf Pfeil hat dann noch auf der Karte von Deutsch-Südwestafrika eine Rundreise angetreten, um zu beweisen, daß es in diesem ungeheuren Lande wirklich keinen Raum mehr gebe. Er ging bei dieser Reise zwar von der irrtümlichen Ansicht aus, daß ich für meine Zwecke ein zusammenhängendes Areal von vielen hunderttausend Morgen beansprucht habe, und insofern hat diese Reise für uns keine Bedeutung; gleichwohl verdient sie doch eine Erwähnung, weil sie für die Art der Beweisführung charakteristisch ist. Da heißt es (S. 267) „Im Mittelpunkt unseres Gebietes liegt Windhoek, dicht dabei das Gebiet der Siedelungsgesellschaft; hier ist mithin unseres Bleibens nicht, wir können nicht den Fenstern unserer Hauptstadt die

---

*) Mag doch Graf Pfeil nur einmal einen Versuch in kleinerem Maßstabe wagen, der doch weder große Kosten verursachen noch sonst irgend welche erheblichen Nachteile für das Reich zur Folge haben kann. Wenn irgendwo, so gilt in Sachen des Strafvollzuges, insbesondere der Deportation, der Satz, daß „probieren über studieren" geht. Einen irgend wie haltbaren Grund gegen einen bloßen Versuch vermochte bisher noch kein einziger Gegner aus kolonialen Kreisen anzugeben. Ihnen kommt es auch nur darauf an, mein auf Deutsch-Südwestafrika gerichtetes Deportationsprojekt, das ihnen aus verschiedenen Gründen recht unbequem ist, zu beseitigen. Die angeblich unüberwindlichen Schwierigkeiten, die sie jetzt unserem Projekte mit ernster Miene prophezeien, werden an der Hand der unbarmherzigen Praxis schnell in nichts zerfließen.

Aussicht auf Zuchthäuslerwohnungen geben, noch unserer Deportierten Ellenbogen am säuberlichen Gewande der Unterthanen der Siebelungsgesellschaft reiben (?) Weiter nach Norden also. Hier vernehmen wir schon von weitem abwehrendes Geschrei der South-West-Afrika-Kompany, die hier ein Areal von 13000 Quadrat-Kilometern besitzt, ihr Terrain hauptsächlich an Buren verkaufen will, und, weil sie unter englischem Kommando steht, ein besonderes Anrecht auf Fernhaltung von Sträflingen aus ihrer Nähe zu haben glaubt. (Allerdings für uns Deutsche innerhalb unseres Herrschaftsgebietes recht triftige Gründe!) Noch weiter nach Norden ziehend, nähern wir uns, um uns genügend von den Engländern zu entfernen, bedenklich der portugiesischen Grenze, so daß Fluchtversuche nahe gelegt werden. Obwohl wir völlig freie Hand haben, in unserem Schutzgebiete zu thun und lassen, was uns beliebt, dürfte eine unbeabsichtigte Abgabe von Zuchthäuslern an Portugal doch zu mindestens unliebsamen Weiterungen führen (Portugal deportiert zwar, wie wir eben gehört haben, selbst seine Sträflinge nach Angola, dem Nachbarlande von Deutsch-Südwestafrika). Es bleibt die Nordostecke, ein Gebiet, welches im Laufe der Zeiten jedenfalls auch der Kultur errungen werden wird, welches aber zur Zeit noch als Unland bezeichnet werden muß. Im Sommer ein Sumpf, im Winter trockene Wüste. Das Küstengebiet ist Sand und kommt nicht in Betracht; wir blicken daher nach Süden. Am Orangeflusse oder dessen Nähe dürfen wir uns kaum niederlassen, weil wiederum die nahe Grenze die Flucht in die zivilisierten Gebiete des Kaplandes zu verlockend erscheinen lassen würde. Die ganze Kapkolonie würde sich wie ein Mann erheben, um uns — — vor der Welt ob des Vorgehens anzuklagen. (Weiter nichts?) Aber selbst wenn wir diesen Gesichtspunkt außer Acht lassen wollten, so würde das Karas Khoma-Syndikat, bezw. dessen Rechtsnachfolgerin, Einspruch erheben, weil ihr Besitz und ihre Minengerechtsame sich fast über das gesamte Bondelzwartsgebiet erstrecken, wir mithin immer mit anderen in Kollision kommen müßten und keineswegs auf unserer Bedingung der räumlichen Abschließung bestehen könnten, selbst wenn wir Platz in unseren doch ziemlich umfangreichen Ländereien fänden. Es bliebe das Land, welches von den Missionsstationen Rehobot, Hoachanas, Gochas, Berseba und Bethanien umringt wird, oder das am Anobflusse, welches an seiner Westgrenze mehrere derselben Stationen, im Süden aber Keatmannshoop und Rietfontein aufweist. Ob die friedlichen Missionare oder an ihrer Stelle ihre europäischen Freunde nicht recht feindlich werden würden, wenn man ihnen Zuchthäusler zu Nachbarn gäbe, bleibt abzuwarten. Jedenfalls scheint nach unserem Orientierungsgange die Furcht nicht ganz unbegründet, daß in dem ganzen südwestafrikanischen Schutzgebiete, dessen Größe die des Deutschen Reiches fast um das Doppelte übertrifft, kein Raum ist, in dem man mit Verbrechern Platz fände, ohne fortwährend über den Rauch aus Nachbars Schornstein sich ärgern zu müssen".

Müßten wir diese der Komik nicht ganz entbehrende Darstellung ernst nehmen, gäbe es infolge der von Reichswegen an einige Erwerbsgesellschaften verkauften Ländereien in ganz Deutsch-Südwestafrika zur Durchführung unseres Projektes wirklich keinen Raum mehr, so würden wir bald Mittel und Wege finden, um uns wieder in den Besitz des erforderlichen Areals zu setzen. Weder das Geschrei der South-West-Afrika Kompany, die mit den Buren gute Geschäfte zu machen beabsichtigt, noch der Zorn der Engländer und Portugiesen, noch die Abneigung der friedlichen Missionare*) oder deren europäischer Freunde würden uns schrecken. Ist die beabsichtigte Maßregel aus Gründen des öffentlichen Wohles geboten, so müßte das Reich von jenen Erwerbsgesellschaften soviel Areal zurückerwerben, als es für Deportationszwecke bedarf und für den Fall des Widerstrebens im Enteignungsverfahren einziehen. Die Entschädigung braucht nicht sehr hoch bemessen zu werden, wenn man erwägt, daß jene Gesellschaften ihren Länderbesitz, der Deutsche Königreiche und Herzogtümer an Umfang übertrifft, so gut wie geschenkt erhalten und bisher so gut wie nichts zu dessen wirtschaftlicher Erschließung gethan haben.

Aber zur Beruhigung ängstlicher Gemüter, die — so unglaublich es klingt — schon mit der Möglichkeit eines durchaus unberechtigten Einspruches anderer Nationen, insbesondere Englands, rechnen, sei bemerkt: wir brauchen — wie die Besitzverhältnisse in Deutsch-Südwestafrika heute thatsächlich liegen — wegen Raummangels noch nicht zum Aeußersten zu schreiten, um unser wohlthätiges Unternehmen auszuführen.

Deutsch-Südwestafrika hat einen Flächeninhalt von 835 100 Quadratkilometern. Es ist also dreiviertel mal größer als das Deutsche

---

*) Auch Reuß (Evang. Strafanstaltsgeistlicher) erklärt in seinem Aufsatz „Deportation von Verbrechern u. f. w." (1897) S. 10: den Standpunkt einzelner Missionare in der Deportationsfrage nicht für ausschlaggebend.

Reich und zur Zeit so gut wie unbevölkert, thatsächlich ein leeres Blatt. Davon sind bisher rund noch keine hunderttausend Quadratkilometer vergeben. Es verbleiben mithin noch weit über siebenmalhunderttausend Quadratkilometer.

Sollten sich auf dieser ungeheuren Bodenfläche nicht noch ungemessene und für unsere Zwecke brauchbare Länderstrecken finden, die Graf Pfeil auf seiner Orientierungsreise übersehen hat? Wer wollte das im Ernste bezweifeln?

Somit erscheinen die neuen Gründe, welche Graf Pfeil gegen die Ansiedelungsmöglichkeit Deutscher Sträflinge in Deutsch-Südwestafrika vorgebracht hat, durchweg unzureichend. Durchschlagend würde nur der Nachweis gewesen sein, daß sich ganz Deutsch-Südwestafrika überhaupt nicht für die Besiedelung, beziehungsweise für den Ackerbau eigne. Das kann aber überhaupt niemand beweisen*). Das hat auch Graf Pfeil nicht bewiesen.

Graf Pfeil ist auch wohl selbst nicht dieser Meinung. Sonst hätte er nicht die alten bekannten Schreckmittel, die ich bereits wiederholt auf ihre Bedeutungslosigkeit zurückgeführt habe, aus dem Arsenal der Gegner unseres Projektes hervorgeholt, nämlich die Fluchtgefahr und die unerschwingliche Höhe der Kosten. So sagt Graf Pfeil (a. a. O. S. 268): „Gesetzt aber, wir fänden den nötigen Raum, ausgedehnt und weltabgeschieden, so dürften doch andere Schwierigkeiten sich ergeben, welche den Erfolg sehr in Zweifel stellen würden.

Das Klima und die sonstige Beschaffenheit des Landes würden die Flucht der Sträflinge sehr erleichtern.

Merkwürdig! So lange es sich um die Ansiedelung von Deportierten, beziehungsweise um die Besiedelung mit kleinen Leuten handelt, schildern die Gegner dieses Projekts die Unfruchtbarkeit und Trockenheit dieses Landes, die Sterilität seines Bodens, das Unlohnende seiner Bebauung, mit grellen Farben. Ja, selbst die Natur scheint in diesem Lande anderen Gesetzen zu folgen, als in dem benachbarten Kaplande, obwohl dieses nur der Oranje vom Süden unseres Schutzgebietes scheidet. Auf dem rechten Ufer versagen die Kühe ihre Milch (a. a. O. S. 275), und während es südlich des Oranje im Winter wohlthätig für die Ackerbestellung regnet und im Sommer trocken ist, findet nördlich des Oranje gerade das umgekehrte Verhältniß statt (a. a. O. S. 273).

---

*) Prof. Wohltmann a. a. O.

Sobald es sich aber um die Fluchtgefahr der Deportierten handelt, verwandeln sich auf einmal die unwirtlichen Steppen von Deutsch-Südwestafrika in paradiesische Gefilde, in denen die Verbrecher alles zum Lebensunterhalt Nötige finden. „Gerade Südwestafrika," meint Herr v. Bülow, „bietet mit seiner allgemeinen Menschenleere, seinem Klima, welches ein Leben unter freiem Himmel jahraus jahrein gestattet, mit seinen Feldfrüchten, mit seinem Wildreichtum und endlich mit den an Schlupfwinkeln reichen Gebirgen viele günstige Gelegenheiten für entlaufene Gefangene, sich allen Nachforschungen zum Trotz zu verbergen."

Dieses Bild, welches die Gegner der Ansiedelung Deportierter entwerfen, entspricht nicht ganz der Wirklichkeit. Wenigstens berichten uns die Forschungsreisenden übereinstimmend, daß dieses Gebiet, was die Daseinsbedingungen für Europäer anbelangt, im großen und ganzen erst ein Land der Zukunft sei. Außer einigen wenigen oasenähnlichen Ansiedelungen ist es infolge seines Wassermangels zur Zeit noch ein unwirtliches, wüstes Land. Bei richtiger Wahl des Ortes erscheint daher die Flucht so gut wie ausgeschlossen; denn sie wäre ohne Kenntniß des Landes und des Weges, ohne Lebensmittel so gut wie aussichtslos; sie würde den Flüchtigen in's sichere Verderben führen; dem Vaterlande erwächst aber auch hierdurch kein Schaden. Eine Verfolgung wäre daher kaum zu empfehlen.

Sowohl v. Bülow als auch Graf Pfeil überschätzen die Fluchtgefahr und infolgedessen die Höhe der zur Bewachung der Sträflinge in Deutsch-Südwestafrika erforderlichen Mannschaften. In den einzelnen Straffarmen wird in der ersten Zeit nach ihrer Gründung der Wachtdienst allerdings ausschließlich von Beamten besorgt werden müssen. Ihre Zahl wird aber nur eine geringe zu sein brauchen, da wie oben ausgeführt, anfangs immer nur eine beschränkte Zahl von Sträflingen auf eine Farm gesetzt werden kann.

In der Folge aber wird dieser Dienst auch solchen Sträflingen übertragen werden können, welche während ihrer Strafzeit sich tadellos geführt haben und findige Subjekte sind. Diese Einrichtung hat sich in Neu-Südwales vorzüglich bewährt; denn gerade dadurch wurde die Entdeckung zahlreicher Verbrechensfälle ermöglicht, und Collins, der erste Richteradvokat (Judge advokate) von Neu-Südwales bezeugt auf das bestimmteste, daß viele Straßen Londons nicht so gut bewacht und beschützt gewesen seien, als die zwar kleine, aber emporstrebende Stadt Sydney (v. Holtzendorff, Deportation S. 227, 228).

Dieselbe Erfahrung hat Otto Ehlers in der englischen Strafkolonie auf den Anbamanen im Jahre 1891 gemacht. Er sagt („An indischen Fürstenhöfen" 2. Aufl. 1894. II. S. 170): „Was den die Strafkolonie besuchenden Fremden am meisten auffällt, das ist die wunderbare Sicherheit, mit der man sich unter den Gefangenen bewegt, und die überraschend geringe Zahl von Aufsehern, von denen nebenbei die meisten selber Gefangene sind, die nach langjähriger tabelloser Führung diesen Posten erhalten haben."

Gleiche Erfahrungen werden auch wir in Deutsch-Südwestafrika machen.

Giebt doch Graf Pfeil selbst zu, daß die Bewachung von Deportierten, die bei öffentlichen Arbeiten beschäftigt werden und sich zu diesem Zwecke auf dem Transport befinden, keine großen Schwierigkeiten verursachen würden. (a. a. O. S. 269).

Zu dem Kapitel „Flucht der Sträflinge" will ich auch hier noch einmal auf die durch die Erfahrung bestätigte Thatsache hinweisen, daß schon die Zuchthausinsassen in der Regel lieber in ihren Anstalten bleiben, als daß sie sich freiwillig in die Freiheit begeben, wo ihnen ein schwerer Kampf ums Dasein bevorsteht. Nicht selten begehen sie nach ihrer Entlassung von neuem Verbrechen, um wieder sorgenfreie Unterkunft im Zuchthause zu finden. Um wieviel weniger wird der nach Südwestafrika deportierte Sträfling, der seine Strafe in freier Luft verbüßt und die sichere Aussicht hat, bei ordentlicher Führung einmal zu ökonomischer Selbständigkeit zu gelangen, sich durch die Flucht in die Wildnis einer höchst prekären Zukunft aussetzen.

Für den Fall der Ansiedelung von Deportierten als selbständige Landeigentümer scheint auch Graf Pfeil die Fluchtgefahr nicht mehr zu besorgen; denn er spricht immer nur von der Fluchtgefahr in den Straffarmen (a. a. O. S. 269, 270). Aber auch der Sträfling auf der Straffarm wird, solange seine Behandlung eine menschliche ist — und daß muß sie sein, denn Grausamkeit entehrt den strafvollstreckenden Staat — in der Regel den Aufenthalt in der Straffarm oder bei einem Landeigentümer, dem er zur Beschäftigung überwiesen ist und wo er regelmäßig Kost, Kleidung und Obdach erhält, dem Leben eines Flüchtigen in den zum großen Teil noch wüstliegenden Steppen Südwestafrikas vorziehen.

Endlich werden drakonische Maßregeln für den Fall der Wiederergreifung eines Flüchtigen und ferner strenges Verbot der Aufnahme durch dritte und die Pflicht der Rücklieferung die Fälle der Flucht auf ein verschwindendes Minimum herabdrücken. In Anbetracht dieser Verhältnisse wird auch das Bewachungspersonal nicht erheblich stärker zu sein brauchen, als bei dem inländischen Vollzuge der Freiheitsstrafe.

Man wird nicht wie Graf Pfeil befürchtet (S. 270), „die Leute in Ketten arbeiten lassen und ihrer jedem halben Dutzend einen bewaffneten Wächter mitgeben brauchen."

Was nun die Kosten anlangt, so taxiert Graf Pfeil deren Höhe für den Fall, daß die Verbrecher gruppenweise angesiedelt würden, pro Gruppe (von 2—4 Köpfen) auf 2000 Mk. und knüpft daran die Betrachtung, daß wir alsdann eine Summe herausbekämen, die, falls man sie für koloniale Zwecke verwenden wollte, große Erfolge haben würde (S. 271).

Dabei übersieht Graf Pfeil vollständig, daß bei Durchführung meines Projektes die Millionen, die heute der inländische Strafvollzug jahraus, jahrein erfordert (jede Einzelzelle kostet 4500 bis 6000 Mk.*) und die Erhaltung jedes Sträflings 340 Mk.), nunmehr als ein unerwartetes Geschenk unserer kapitalbedürftigen Kolonie zuflössen, Summen, die der Reichstag doch niemals zu solchen Zwecken bewilligen könnte und würde.

Und nun zum Schluß noch ein ernstes Wort.

Es ist endlich Zeit, daß Deutsch-Südwestafrika seiner Bestimmung entsprechend von Reichswegen verwertet werde, daß es einmal aufhöre, lediglich eine Domäne einer kleinen Zahl von Erwerbsgesellschaften zu sein, von denen einige sogar ihren Schwerpunkt in England haben. Diesen Gesellschaften liegt einzig und allein daran, von dem verhältnismäßig sehr geringen Kapital, welches sie auf die Erwerbung des Landes aufgewendet haben, recht schnell und bequem einen Gewinn zu erzielen. Von patriotischen oder humanitären Rücksichten lassen sie sich bei der Verwendung ihres Landbesitzes nicht leiten. Deßhalb suchen sie die ihnen en gros geschenkten Länder entweder gleich wieder durch Verkauf ihrer Konzessionen im Ganzen los zu werden, oder doch sobald als möglich lieber an einzelne wenige aber zahlbare Großviehzüchter

---

*) Krohne, der an der Spitze des Preußischen Gefängniswesens steht, schlägt in seinem Lehrbuch für Gefängniskunde (1889) den Bedarf der Zellen auf rund 50000 an und zwar nur für Preußen, das ergiebt die Kleinigkeit von rund 300 Millionen (!!) Mark.

weiter zu verkaufen, als an arme kleine Leute, die nur ein Stück Scholle zur Feldarbeit für sich und ihre Familien suchen. Das Siedelungsgeschäft setzt überdies gewisse wirtschaftliche Vorbereitungen voraus, die Geld kosten würden. Das und der Verkehr mit vielen kleinen, unbemittelten Leuten ist den Gesellschaften unbequem und vor allem nicht lohnend genug. Deshalb lassen sie durch ihre Agenten verbreiten, daß die Natur des Landes es mit sich bringe, daß Deutsch-Südwestafrika sich nicht zur Kleinsiedelung, sondern nur für die Einwanderung von Viehzüchtern in großem Stile eigne, die mindestens 15 bis 20 000 M. mitbringen. Mit anderen Worten: die wirtschaftlich Schwachen sind nicht ihre Leute. Sich diese mit aller Kraft vom Halse zu halten, ist ihr eifrigstes Bestreben.

Das Interesse der Allgemeinheit erfordert aber, daß das Land in möglichst ausgedehnter Weise durch Vergebung an kleine Ansiedler verwertet und hoch ausgenutzt werde.

Es ist deshalb die Pflicht des Reichs, hier Wandel zu schaffen, und zwar bald, damit nicht das Land durch Zwischenhändler verteuert und die Besiedelung mit armen Leuten unmöglich gemacht wird.

Wir leiden in Deutschland an Uebervölkerung. Der Geburtenüberschuß beträgt im Reiche jährlich 600 000 Köpfe; in den Jahren von 1851 bis 1883 — also allein in einem Menschenalter — haben wir durch Auswanderung 3½ Millionen Menschen abgegeben, und diese Millionen Deutscher sind dem deutschen Volkstum verloren gegangen, weil sie in fremden Völkern aufgegangen sind.

In Deutsch-Südwestafrika haben wir das ersehnte Land gefunden, welches bei weiser Ausnutzung noch nach Jahrhunderten Raum für unsere überschüssige Bevölkerung zu bieten vermag. Dort können sich von jetzt ab Tausende unserer Stammesgenossen, für die unser Vaterland zu eng ist, ein neues Heim gründen.

Aber nicht nur zur Verhütung unwiederbringlichen Verlustes deutschen Volkstums, auch zu einer friedlichen Lösung der sozialen Frage vermag uns dieses Land zu verhelfen, wenn wir dorthin die Auswanderung unseres vaterländischen Proletariats lenken. Den Armen, denen das tägliche Brot fehlt, sollte die Regierung des Reichs das im Verhältnis zu den projektierten Riesenfarmen verschwindend kleine Stück Land schenken, dessen sie zu ihrer Existenz bedürfen. Ja, das Reich sollte sie sogar bei ihrer Niederlassung in jeder Beziehung unterstützen.

4*

Und dies ließe sich leicht ohne große Aufwendungen bewerkstelligen, wenn sich nur das Reich zur Deportation unserer Sträflinge entschlösse.

Die Deportierten könnten den mittellosen Einwanderern bei der Erbauung ihrer Hütten behilflich sein; es könnte ihnen aus den Straffarmen des Reiches Saatgut und Ackergerät und einige Stück Vieh gegen eine billig zu bemessende Vergütung vom Beginne der Rentabilität des Unternehmens ab zugewiesen werden.

Bei solchem Vorgehen brauchte sich das Reich zum Schaden allgemeiner Interessen nicht mehr der Erwerbsgesellschaften zur Erschließung des Kolonialgebietes zu bedienen*). Es geschah dies ja nur, weil dem Reiche die Mittel zu selbständigem Vorgehen fehlten. Mit der Einführung der Deportation nach Deutsch-Südwestafrika erhielte es sofort die erforderlichen Mittel und Arbeitskräfte. Die Millionen, die jetzt im Vaterlande nutzlos für den Strafvollzug vergeudet werden, stehen dann sofort der Reichsregierung zur Hebung des Kolonialgebietes zur Verfügung. Ohne Rücksicht auf den engherzigen Standpunkt einiger weniger Erwerbsgesellschaften und der diesen affiliierten Kreise wird das Reich wieder Herr in seinem Lande und die Regierung nimmt selbst das Siedelungsgeschäft in ihre starke Hand zum Nutzen und Frommen des großen Vaterlandes.

Befolgten wir den von v. Bülow und Graf Pfeil beliebten Modus, so könnten wir wohl noch hundert Jahre warten, bevor das erste Hunderttausend deutscher Ansiedler auf südwestafrikanischem Boden ansässig gemacht worden wäre.

So lange kann aber unser überschüssiges Menschenmaterial nicht warten; wir bedürfen schon heute eines Stückes Erde, um das Deutsche Reich von Elementen zu befreien, die es bei dauerndem Wachstum in seinem Bestande ernstlich gefährden.

Sowohl v. Bülow als auch Graf Pfeil berücksichtigen nicht die große Bedeutung des geplanten Unternehmens, insbesondere dessen Tragweite für eine friedliche Lösung der sozialen Frage.

---

*) Welcher Patriot vermag ruhigen Blutes die in der diesjährigen Denkschrift „über die im südwestafrikanischen Schutzgebiete thätigen (?) Gesellschaften" mitgeteilten Konzessionen zu lesen, insbesondere die unter dem verflossenen Kolonialregiment erteilte Damaraland-Konzession, durch welche den Konzessionären nach Art und Umfang geradezu ungeheuerliche Rechte ohne jede nennenswerte Gegenleistung übertragen werden, desgleichen die bei dem Karaßthoma-Syndikate erteilte Konzession, durch welche 51 200 Quadratkilometer deutschen Landes einer vollkommen unter englischem Einflusse stehenden Gesellschaft ausgeliefert werden?

Daher auch ihr engherziger Standpunkt in Betreff der Ansiedelung der Deportierten. Sie wollen wohl deren Kräfte zur Hebung der großen Farmer ausnutzen und einigen wenigen deutschen Bauern zu behäbigem Wohlstand verhelfen, die Deportierten aber nach gethaner Arbeit wieder nach Hause schicken: „Der Mohr hat seine Schuldigkeit gethan, der Mohr kann gehen".

Sowohl vom Standpunkte des öffentlichen Wohles als auch von dem der Menschlichkeit empfiehlt es sich aber, den deportierten Sträflingen, nachdem sie uns die Pionierarbeiten geleistet haben, ohne welche Deutsch-Südwestafrika wertlos ist, auch eine Scholle in dem Lande zu gönnen, das sie haben urbar machen helfen, eine Scholle, auf welcher sie im Stande sind, sich ein Heim zu gründen.

Möge der an die Spitze des deutschen Kolonialwesens berufene Mann seine hohe Mission begreifen und durch thatkräftige Initiative der deutschen Kolonialpolitik endlich eine Wendung geben, durch welche auch bei den breiten Massen der Bevölkerung Interesse und Begeisterung für die unermeßliche Bedeutung unserer Kolonie für das Gedeihen des Vaterlandes erweckt wird. Dann wird das Volk auch zu Opfern bereit sein, welche große Ziele erfordern.

Die Deportation bedeutet nur eine wichtige Etappe zu diesem Ziele!

Nachtrag.

Herr Graf Pfeil hat neuerdings (Vgl. Kolon. Jahrb. 1897 S. 18 ff.) als Deportationsort „Neu-Pommern im Bismarck-Archipel" empfohlen. Diese Insel liegt zwar ganz in den Tropen und deshalb ist die Bebauung des Bodens für Europäer, wenn solche nicht auf diesem Wege zum Tode verurteilt werden sollen*), ausgeschlossen. Allein Graf Pfeil meint: „daß man bei etwa 500 Meter Seehöhe hier (in Neu-Pommern) ein Klima finde, welches, ohne so ideal zu sein, wie das am Rande der Kalahari (in Deutsch-Südwestafrika), doch ganz eigene Vorzüge besitzt und von jedem gern aufgesucht wird, der länger darin verweilte (S. 31)". Wie lange Graf Pfeil sich dort aufgehalten hat, vermag ich nicht anzugeben. Aus seiner Darstellung ergiebt sich aber, daß er dieses Gebiet nur als Tourist besucht hat und daß er seine Annahme über die Tauglichkeit dieses Gebietes für die Ansiedelung von Europäern nur auf Vermutungen gründet:**) „Es ist durchaus nicht einzusehen", sagt er (a. a. O. S. 31), „warum in den (nb. noch völlig unbekannten) Bergzügen Neu-Pommerns nicht Stellen gefunden werden sollten, welche genau dieselben Vorzüge

---

*) Graf Pfeil sagt selbst (a. a. O. S. 38): „Es ist vollkommen sicher, daß das System der Deportation nach den Tropen auch seine Opfer fordern wird. Mancher wird das Klima nicht ertragen zc. zc. Die Natur wird eine Auslese halten in der Weise, daß sie die geringeren Elemente aus ihrem Organismus ausscheidet, die besseren erhält", d. h. mit anderen Worten: die körperlich widerstandsfähigeren sind die besseren, die schwächeren Individuen die geringeren Elemente; auf die moralischen Qualitäten kommt es weiter nicht an.

**) Giebt er doch (S. 30) selbst zu, daß erst eine Landeserforschung vorangehen, und erst an Ort und Stelle das erforderliche Material gesammelt werden müsse. Gleichwohl stellt er aber die gewagte Behauptung auf: „Jedenfalls sind alle Vorbedingungen hier vorhanden, ohne welche man befürchten muß, Mißerfolge zu erleben."

besitzen, wie Bandoeng in Java in der Provinz Preanger, oder Malang in Passoeroean ꝛc. ꝛc.", tropische Bergländer, welche nach Graf Pfeil höchst angenehme Wohnsitze darbieten.

Auf eine solche Empfehlung läßt sich freilich kein Deportations=unternehmen auch nur mit einiger Aussicht auf Erfolg gründen. Vergleicht man die Vorteile, welche das uns in Hinsicht auf Klima und Bodenbeschaffenheit doch ungleich bekanntere Gebiet von Deutsch=Südwestafrika für Europäer verspricht, mit denen der terra incognita von Neu-Pommern, so fragt man vergeblich, weshalb Graf Pfeil auch nicht einmal einen Versuch in Deutsch=Südwest=afrika wagen will.

Doch es gilt ja nur das Gespenst der Deportation von Deutsch=Südwestafrika fernzuhalten.

In Neu-Pommern würden die Deportierten allerdings bald „recht stille Leute" werden. Es würde alsdann mit ihnen die auf diese Weise in den Augen der Welt diskreditierte Deportations=idee begraben sein, aber auch zugleich das große Werk, das unsere gefallenen Brüder auszuführen berufen sind, Pioniere zu werden für die Erschließung von Deutsch=Südwestafrika, damit dieses Land uns die soziale Frage in absehbarer Zeit lösen helfe.*)

Oder meint etwa Graf Pfeil, daß in Neu-Pommern ein Neu=Deutschland emporblühen könne?

---

*) Die Zusammengehörigkeit dieser Fragen übersieht fortwährend Graf Pfeil.